Krieg, Hunger, Pest und Glaubenszwist

Manfred Peter Heimers

Krieg, Hunger, Pest und Glaubenszwist

München im Dreißigjährigen Krieg

Eine Veröffentlichung des
Stadtarchivs München

Buchendorfer Verlag

Bildnachweis:

Bayerische Staatsbibliothek: S. 6
Bayerische Staatsgemäldesammlungen: S. 21, 25
Bayerisches Nationalmuseum München: S. 52, 53, 54, 55
Erzbischöfliches Ordinariat München, Kunstreferat: S. 49
Heeresgeschichtliches Museum Wien: S. 57
Münchner Stadtmuseum: Titelbild, S. 13, 14, 24, 27, 44, 46, 61
Staatliche Graphische Sammlung München: S. 50
Staatsarchiv München: S. 35
Stadtarchiv München: S. 19, 30, 34, 39, 40, 42, 45, 64, 65, 66, 67

Die Deutsche Bibliothek – CIP-Einheitsaufnahme

Heimers, Manfred Peter:
Krieg, Hunger, Pest und Glaubenszwist : München im Dreißigjährigen Krieg / Manfred Peter Heimers. Veröffentlichung des Stadtarchivs München. – München : Buchendorfer Verl., 1998
ISBN 3-927984-84-1

Satz und Repro: Design-Typo-Print, Ismaning
Druck und Bindung: Huber, Dießen
Printed in Germany

ISBN 3-927984-84-1

Inhalt

Sinn-Bild/

Vber den im Jahr 1648. den 14. Tag deß Weinmons/ zu Münster getroffenen vnd beschlossenen allgemeinen

REICHS-FRIEDEN.

Erigitur dulci, tristis Germania PACE.
Laudet Mysta Deum: Laudet & omnis homo.

DAs Teutschland/ welches ist bißher todtkranck gewesen/
Thut kräfftiglichen durch den Friedens Trost genesen:
Es richt sich wider auff/ wird auff ein news erquickt.
Deßwegen sollen GOTT im Himmel hoch dort droben
Bey Tag vnd Nacht all Ständ/ mit Hertz vnd Munde loben/
Daß der hell Friedenschein vns endlichen erblickt.

Nobili & Prudentissimo VIRO,
Dn. JOSEPHO FURTENBACH, Reip. Ulm. Senatori,
& Architecto: Dn. Compatri honorando:

humilimus offert:

Flugblatt zum Westfälischen Frieden, Kupferstich und Typendruck, 1648.

Vorwort

Die politischen Katastrophen und Exzesse unseres Jahrhunderts haben Erinnerung und Interesse an allen weiter zurückliegenden Abstürzen und Bestialitäten der gemeinsamen europäischen Geschichte überlagert. Die noch blutenden Wundmale von Auschwitz, Mauthausen, Oradour oder Katyn lassen die Kriegsgreuel der Vergangenheit verblassen, und selbst das rücksichtslose Ringen der Nationalstaaten kann in seinen Abseitigkeiten und Abscheulichkeiten nur bedingt verglichen werden mit den diabolischen Vernichtungssystemen Hitlers oder Stalins.
Dabei standen die Ereignisse zwischen 1618 und 1648 einst Generationen hindurch unangefochten im Mittelpunkt des kollektiven Erinnerns in Deutschland, wobei die regionale oder lokale »Memoria« nicht das Schicksal von Religion und Reichsverfassung transportierte, sondern die Details einer gleichermaßen von Freund und Feind provozierten Abfolge apokalyptischer Plagen.
Auch Bayern, das in der Geschichte des Dreißigjährigen Krieges eine Schlüsselrolle spielte, darf in diesem 350. Jubiläumsjahr des Westfälischen Friedens Einsatz und Resultat bilanzieren. Dabei kann die Wahrung des konfessionellen Standpunkts und der Gewinn von Territorium (Oberpfalz) und polititschem Prestige (Kurwürde) nur ein Teilaspekt sein; die Kernfrage wäre auch hier auf die Erschöpfung und den Ruin von Land und Leuten zu richten.
Unser Rückblick konzentriert sich auf das Geschick der Haupt- und Festungsstadt München, der – gemessen an anderen Städten und Dörfern unseres Vaterlandes – ein gnädiges Schicksal beschieden war. Die bemerkenswerte Milde des Schwedenkönigs Gustav Adolf gegenüber der Residenz seines Erzfeindes Maximilian war ungeachtet vieler bedrückender Begleitumstände eine heroische Tat, die aus heutiger Sicht mehr zählt als gewonnene Schlachten.
Ausstellung und Publikation »Krieg, Hunger, Pest und Glaubenszwist. München im Dreißigjährigen Krieg« verstehen sich als ein süddeutscher Beitrag zur internationalen Europaratsausstellung in Osnabrück und Münster »1648 – Krieg und Frieden in Europa«.

München, 22. September 1998

Richard Bauer
Direktor des Münchner Stadtarchivs

Einleitung

Vor 350 Jahren, am 24. Oktober 1648, wurde in Münster und Osnabrück der »Westfälische Friede« zwischen dem Kaiser des Heiligen Römischen Reiches einerseits und Frankreich und Schweden andererseits unterzeichnet. Der mit überschwenglichem Jubel begrüßte Friedensschluß beendete einen europäischen Krieg, der 1618 als Aufstand der protestantischen Stände Böhmens gegen ihren katholischen Landesherrn begonnen und sich rasch zu einem dreißigjährigen Kampf evangelischer Reichsstände und auswärtiger europäischer Mächte gegen das spanisch-österreichische Haus Habsburg und die mit ihm verbündeten katholischen Reichsstände entwickelt hatte.

Durch eine neue Art der Kriegführung, die Bezahlung und Ernährung der Truppen aus ihrem jeweiligen Operationsgebiet heraus, kam in der Form von Plünderungen, Brandschatzungen, Verwüstungen und Massakern unaussprechliches Leid in bisher nie gekanntem Ausmaß über die Zivilbevölkerung. Hinzu traten als Folgeerscheinungen Verrohung der Sitten, Verarmung, Hunger und Seuchen. In das kollektive Gedächtnis der Deutschen hat sich der Dreißigjährige Krieg als eine der bisher schrecklichsten Leidenszeiten unserer Geschichte eingegraben. Tatsächlich dürften die prozentualen Bevölkerungsverluste durch diesen Krieg und seine Begleitumstände seither nicht wieder übertroffen worden sein.

Auch Bayern war als Land eines Fürsten, der an führender Stelle an den Auseinandersetzungen beteiligt war, zeitweiliger Hauptkriegsschauplatz und sah sich den schlimmsten Greueln ausgesetzt. München dagegen blieben, anders als selbst seiner unmittelbaren Umgebung, dank seiner Funktion als Haupt- und Residenzstadt einige der allerschlimmsten Kriegserfahrungen weitgehend erspart.

Im Vorfeld des Krieges

Die konfessionelle Spaltung Deutschlands hatte seit der Reformation im Verlauf des 16. Jahrhunderts immer schärfere Formen angenommen, zumal Kaiser und Reichsfürsten die Glaubensfrage auch als Hebel zum Ausbau ihrer jeweiligen Machtpositionen nutzten. Herzog Maximilian I. von Bayern rechnete als führende Kraft der katholischen Reichsstände zunehmend mit einem Waffengang gegen die Protestanten und sah sich deshalb zu planmäßigen Rüstungsmaßnahmen veranlaßt, die auch dazu beitragen sollten, das politische Gewicht seines Landes zu stärken.

Schon von seinem Regierungsantritt 1594 an hatte er das bayerische Verteidigungswesen, das Landesdefensionswerk, systematisch durch regelmäßige Musterungen und Übungen der Untertanen in der Landwehr zu verbessern gesucht. Die Münchner Bürgerwehr hatte durch diese Maßnahmen 1613 eine Stärke von 3600 Mann erhalten, die in zwölf Fähnlein organisiert waren[1]. Auch zur finanziellen Absicherung der Ausrüstung und Bewaffnung hatte der Herzog Maßnahmen getroffen. In großer Zahl hatte er darüber hinaus systematisch Waffen und Munition ankaufen lassen, die im landesherrlichen Zeughaus hinter der Residenz in München bis zu ihrem Einsatz deponiert wurden. Der Münchner Stadtrat hatte in der Folge eine eigene Steuer zum Waffenankauf ausgeschrieben, aus der zwischen 1599 und 1618 Rüstungsgüter im Wert von 8500 Gulden finanziert wurden[2]. Das städtische Zeughaus am Anger verwahrte daraufhin im Jahr 1628 unter anderem 720 Spießhosen (Metallbeschläge), 175 Hellebarden, 1888 lange Spieße und 218 ganze Musketengabeln[3]. Als sich 1608 protestantische Reichsstände aufgrund zunehmender Spannungen mit den Katholiken zum Verteidigungsbündnis der Union zusammenschlossen, antworteten am 10. Juli 1609 in München katholische Fürsten unter Federführung Herzog Maximilians von Bayern mit der Gründung der Liga, zu deren Bundesoberst der bayerische Landesherr bestellt wurde.

Wie groß die Kriegsgefahr bereits war, wurde auch in München deutlich, als Herzog Maximilian der Stadt im Jahr 1609 eine Verbesserung der Befestigung vorschlug, da die mittelalterlichen Stadtmau-

[1] Riezler, S. 152 f.
[2] Betz, S. 73
[3] Inventarium, 1628, StadtAM, Stadtverteidigung 92

ern der modernen Kriegführung nicht mehr gewachsen waren. Der Magistrat lehnte sie jedoch aus Kostengründen ab. Der Herzog ließ sich dadurch allerdings von seinen Verteidigungsanstrengungen nicht abbringen und forderte deshalb am 19. Januar 1612 von den versammelten Landständen erneut einen Ausbau der Münchner Befestigungsanlagen, da jederzeit mit militärischen Auseinandersetzungen zwischen den Konfessionsparteien zu rechnen sei. Er sah in dieser Maßnahme noch einen weiteren Vorteil: »Es würdt hierdurch auch, weliches nit das geringste motif, die Statt nit wenig erweittert unnd gelegenhait zu mehrerm unndterkhomen, an deme grosser mangl erscheint, gemacht«[4]. Trotz des wiederholten Hinweises auf die drohende Kriegsgefahr versagten auch die Landstände einem Ausbau der Befestigung Münchens ihre finanzielle Unterstützung. Erst am 8. August 1615 gab der Münchner Stadtrat auf erneutes Drängen des Landesherrn schließlich doch nach und sprach sich dafür aus, zu »mehrerer und besserer versicherung des Landtes und der Unterthanen einige orth in *defension* zu bringen und besonders auf des landtes Haubt- und *residenz*-statt alle sorgfalt anzuwenden, nicht bloß wegen der Archive, der Landtschaft-Baarvermögen und Geldvorräthe, ingleichen der Munition«[5].

Herzog Maximilian hatte inzwischen bereits dem Oberstzeugmeister Alexander de Groote den Auftrag erteilt, Pläne für eine Verbesserung des Befestigungssystems seiner Residenzstadt zu entwickeln. Groote schlug ein groß angelegtes System aus einem Doppelwall mit davorliegendem Wassergraben und insgesamt sieben vorgeschobenen Bastionen, den sogenannten Halbmonden, vor. Zwischen ihm, der von dem italienischen Festungsingenieur Francisco Tensin unterstützt wurde, und den beiden vom Herzog eingesetzten Gegengutachtern Martin Robert de Tregna und Morell Morbin, die ein Bastionssystem befürworteten, entstand in der Folgezeit ein heftiger Streit über die Tauglichkeit ihrer jeweiligen Festungsentwürfe. Erst die Stellungnahme niederländischer Festungsexperten, die in Brüssel um Rat gefragt wurden, gab den Ausschlag zugunsten einer die bisherige Ummauerung eng umgebenden Wallanlage mit insgesamt 18 Bastionen, vier Wallschilden (Ravelins) und einem Halbmond, die für Stadterweiterungen allerdings keinen Raum mehr ließ[6].

Inzwischen war jedoch der bisher nur drohende Waffengang zur Realität geworden: Am 23. Mai 1618 erhoben sich die protestantischen Stände Böhmens mit dem »Prager Fenstersturz« gegen das ka-

---

[4] Landtagsprotokoll 1612, S. 80, StadtAM, BuR 93/37 a; vgl. Landtagsbeschlüsse 1612, StadtAM, BuR 93/37 b

[5] Zit. Müller, S. 549

[6] Betz, S. 65 ff.

Herzog, ab 1623 Kurfürst Maximilian I. von Bayern, Öl auf Leinwand, 17. Jahrhundert.

tholische Herrscherhaus der Habsburger und gewannen für ihren Aufstand die Unterstützung der Union durch die Wahl ihres Anführers Kurfürst Friedrich V. von der Pfalz zum König. Sie entfachten damit ein dreißigjähriges Ringen um die Vormacht im Heiligen Römischen Reich. Herzog Maximilian von Bayern übernahm die Führung der katholischen Kriegspartei. Am 8. Oktober 1619 sicherte er Kaiser Ferdinand II., der bisher nur das habsburgische Spanien auf seiner Seite wußte, im Münchner Vertrag die Unterstützung der Liga unter seinem Oberbefehl gegen das aufständische Böhmen zu. Im Dezember 1619 beschloß die Liga in Würzburg die Aufstellung

Kurfürst Friedrich V. von der Pfalz (»Winterkönig«), Kupferstich, wohl um 1623.

eines Heeres und damit den Eintritt in den Krieg. Bayern drohte als Land des führenden katholischen Reichsfürsten einer der wichtigsten Schauplätze der kommenden Auseinandersetzungen zu werden.
Um München als Haupt- und Residenzstadt dieser Gefahr nicht völlig wehrlos auszusetzen, war eine rasche Realisierung der Festungsplanungen notwendig. Am 26. November 1618 befahl daher der Herzog eine sofortige Schätzung der für den Festungsbau benötigten Grundstücke. Ein Jahr später, im Dezember 1619, lag das Ergebnis vor, das sich auf eine Höhe von 25 990 Gulden belief. Unverzüglich begannen nun unter der Leitung von Hofbaumeister Heinrich Schön die Schanzarbeiten, wahrscheinlich vor dem Schwabinger Tor. Die Stadt stellte zunächst einmal 200 Männer und 300 Frauen bereit und kam für deren Bezahlung auf. Auch die umliegenden Gerichte und die Kirche mußten Schanzpersonal stellen. Straftäter wurden anstelle der Landesverweisung für die Arbeiten zwangsverpflichtet. Die Rentämter wurden angehalten, Bettler und Landstreicher dem Festungsbau zuzuführen, so daß im ersten Jahr etwa 2 000 auswärtige Arbeiter in München schanzten. Abgesehen von den Kosten, die der Stadt durch diese Arbeiten auferlegt wurden, hatte sie zusätzlich Sicherheitsprobleme durch diese unzuverlässigen und wenig vertrauenswürdigen Hilfskräfte zu bewältigen.
Gebaut wurde zunächst zwischen dem Schwabinger Tor und dem Kosttor, wobei ab 1623 auch der Hofgarten in die Umwallung mit einbezogen wurde[7], in typisch niederländischer Manier und in einem zweiten (westlichen) Bauabschnitt zwischen dem Sendlinger und dem Schwabinger Tor. Hier wurde das vor den Stadtmauern gelegene Kapuzinerkloster in den Schutz einer Bastei genommen. Die Wallbefestigung bestand aus einem etwa acht Meter hohen und bis zu 30 Meter breiten gestaffelten Wallkörper aus Erdwerk, nur die Torgänge und die Wasserdurchlässe waren gemauert, einem bis zu 20 Meter breiten Graben, der aber nicht überall mit Wasser gefüllt war, einem Gedeckten Weg und einem davorliegenden schräg abfallenden Vorfeld (Glacis). Seit der Mitte der zwanziger Jahre ließen jedoch die Anstrengungen bei den Schanzarbeiten merklich nach, es wurden kaum noch mehr als Ausbesserungen an den unvollendeten Fortifikationsanlagen vorgenommen. Offenbar war die Notwendigkeit des Festungsbaus noch nicht überall erkannt worden, zumal München in den ersten Kriegsjahren von den unmittelbaren Kampfhandlungen verschont blieb.

[7] Hübner, S. 351

»Confusionen, erstaigerung- vnd thewrungen«

Die ersten Erfahrungen, die München und das übrige Land mit den Auswirkungen des Dreißigjährigen Krieges machen mußten, waren nicht militärischer, sondern finanzieller Natur: Durch eine vorausschauende Politik hatte Herzog Maximilian I. seit seinem Regierungsantritt einen für deutsche Verhältnisse einmalig hohen Staatsschatz angelegt. Zur Finanzierung einer militärischen Auseinandersetzung von den Dimensionen des Dreißigjährigen Krieges reichte dieser Staatsschatz natürlich bei weitem nicht aus, so daß sich Maximilian nach zusätzlichen Einkunftsquellen umsehen mußte. Wurden in der Vergangenheit Landsteuern zur Deckung des landesherrlichen Ausgabenbedarfs von den Landständen im Bedarfsfall als Gegenleistung für Zugeständnisse des Herzogs bewilligt, so erfolgten nach Kriegsausbruch ab 1620 wegen »disen noch *continuier*enden schweren läuffen und zeiten«[8] bis Kriegsende mit Zustimmung des Landschaftsausschusses beinahe alljährlich neue Ausschreibungen und Erhebungen dieser Steuer zur Finanzierung der Verteidigungsmaßnahmen. Die Landsteuer erhielt damit fast den Charakter einer regelmäßigen, ordentlichen Staatseinkunft, die nicht erst mit den Ständen ausgehandelt werden mußte. Zusätzlich wurde ab 1633 wiederholt eine außerordentliche Kriegsabgabe auf Einkünfte und Vermögen erhoben, von der nur befreit blieb, wer ausgeplündert worden war oder Quartierlasten zu tragen hatte. Trotz dieser höheren Lasten konnte sich Maximilian I. noch 1642 rühmen, »daß in andern benachbarten Landen dergleichen vnd noch vil grössere *Contributionen* vnd Stewren angelegt werden«[9].

Die Einkünfte und Vermögen der bayerischen Untertanen wurden jedoch nicht nur durch den direkten Zugriff des Landesherrn geschmälert: Da die Silberproduktion im Reich seit der zweiten Hälfte des 16. Jahrhunderts den ständig steigenden Geldbedarf nicht mehr abdecken konnte, wurden in zunehmendem Maße minderwertigere Münzen mit geringerem Silbergehalt geprägt. Eine fürstliche Ausgabenpolitik, die durch Rüstungsmaßnahmen und Kriegsvorbereitungen noch zusätzlich angeheizt wurde, steigerte die Versuchung, das Geldvolumen durch die Verringerung des Silbergehaltes der Münzen

[8] Mandat Kurfürst Maximilians I. v. 8.6.1623, StadtAM, Steueramt 1124
[9] Mandat Kurfürst Maximilians I. v. 26.11.1642, StadtAM, Steueramt 1124

einfach zu vergrößern, ohne die Einnahmen erhöhen zu müssen. Der Markt reagierte auf diese Münzverschlechterungen mit Preiserhöhungen. Da viele Landesherren aus Geldmangel kein Interesse daran hatten, die Münzmanipulationen abzustellen, scheiterten wiederholte Versuche, auf überregionalen Münzprobationstagen eine Neuordnung des Geldwesens durchzusetzen. Herzog Maximilian von Bayern beteiligte sich zwar nicht an der Münzverschlechterung, entzog aber durch seine Politik der Ansammlung eines Staatsschatzes die guten Münzsorten dem Geldkreislauf, so daß zwangsläufig minderwertige Münzen in verstärktem Maße in das Land flossen. Mit dem Ausbruch des Dreißigjährigen Krieges sorgten die sprunghaft ansteigenden Rüstungsausgaben dafür, daß auch das angesparte Geld in den Umlauf kam und so die Geldmenge und damit auch die Preise zusätzlich erhöhte. Die Folge war die sogenannte »Kipper- und Wipperinflation«, die ihren Namen von betrügerischen Manipulationen an den Münzen durch Beschneiden guter Sorten (»kippen«) oder an den Münzwaagen durch Verwendung falscher Gewichte (»wippen«) erhielt und ihren Höhepunkt im Frühjahr 1623 erreichte[10].

Die Bevölkerung in München hatte unter dieser Inflation ganz besonders zu leiden, da sie nur mit minderwertigem Geld entlohnt wurde, aber im Gegensatz zur Landbevölkerung gezwungen war, fast ihren gesamten Nahrungsbedarf zu überhöhten Preisen auf dem Markt zu decken. So sank der Wert der Umlaufmünzen innerhalb weniger Jahre um das Siebenfache: Konnte man 1617 einen hochwertigen Dukaten für 2 fl. 30 kr. eintauschen, so verteuerte er sich bis 1622 auf 15 fl. Noch dramatischer waren die daraus resultierenden Preissteigerungen: Die Getreidepreise etwa erhöhten sich von bis zu 4 fl. für das Scheffel Korn und bis zu 4 fl. 30 kr. für das Scheffel Hafer im Jahr 1617 bis zum April 1623 auf bis zu 52 fl. für Korn und 20 fl. für Hafer[11]. Verstärkt wurde dieser Preisanstieg noch durch eine zunehmende Lebensmittelknappheit, bedingt durch den angestiegenen Kriegsbedarf und Mißernten. Ihre Hauptursache lag jedoch in der spekulativen Zurückhaltung des Warenangebots in der Hoffnung auf höhere Gewinne und im Aufkauf durch Zwischenhändler, den sogenannten »Fürkäufern«, die die Waren nur gegen Preisaufschlag weiterverkauften oder sie dorthin exportierten, wo größere Gewinne zu erwarten waren. Dieser Nahrungsengpaß machte sich gerade in München besonders bemerkbar, da der Bedarf der Stadtbevölkerung auf Zulieferungen von außen angewiesen war.

[10] Vgl. Altmann, S. 137 ff.
[11] Sutner, S. 63 f.

Herzog Maximilian versuchte zunächst gemeinsam mit den benachbarten Reichsständen, die inflationären Tendenzen, die »Confusionen, erstaigerung- vnd thewrungen in den Pfennwerthen vnnd allen andern Inn- vnnd Außländischen Feylschafften«[12], durch die Abwertung oder das Verbot und die Konfiskation geringwertiger Münzen zu bekämpfen, ohne sich jedoch damit durchsetzen zu können. Eine am 23. September 1622 befohlene Abwertung aller Münzsorten um die Hälfte bewirkte vollends ein Verschwinden aller guten Münzsorten und des Warenangebots vom Markt, so daß sie teilweise wieder zurückgenommen werden mußte. Der Herzog sah sich schließlich gezwungen, selbst minderwertige Münzen zu prägen, um den benötigten Geldbedarf überhaupt abdecken zu können. Zur Sicherung des Warenangebots vor allem in München, wo »schier niemandt umb eine gebürliche Bezallung was bekhommen khan, sondern vast ein yeder der etwas zu verkhauffen, im selbsten nach seinem Gefallen ein Satz machen«[13], wurden Preistaxen und Exportverbote erlassen. Um Spekulanten das Handwerk zu legen, die »zu ihrem aigennutzigen Vortheil auffkauffen und nit allein einer dem andern wider verkauffen oder auch sonsten im ankauffen verthewren sonder auch ausser Landts heimblich unnd offentlich tragen, also daß in unserm Landt in Stätten unnd Märckten nichts mehr umb einen billich rechtmessigen Pfenning ja gar die täglicht Haußnothturfft umbs baare Gelt zum öfffternmahl nit mehr zubekommen«[14], wurde der Fürkauf eingeschränkt und schließlich ganz verboten. Auf dem Land wurden Hausdurchsuchungen vorgenommen, um illegale Getreidevorräte zu ermitteln und zwangsweise auf der Münchner Getreideschranne zum Verkauf anzubieten. Am 15. Dezember 1622 wurde schließlich sogar das Bierbrauen eingeschränkt, um den Getreidebedarf zu verringern[15]. Alle diese Maßnahmen hatten jedoch keinen Erfolg, da sie kaum zu kontrollieren waren. Sie verstärkten nur die Unzufriedenheit der durch die Inflation ohnehin genug belasteten Bevölkerung. Der Magistrat versuchte, durch Zuschüsse an die Metzger und durch die Ausgabe von Getreide und Mehl den Preisauftrieb abzubremsen und der Lebensmittelknappheit entgegenzusteuern. Gegen die Verarmung vieler Einwohner Münchens, deren ganzes Vermögen in immer wertloser werdendem Geldbesitz bestand, konnten jedoch alle diese Maßnahmen nicht helfen.

[12] Mandat Herzog Maximilians I. v. 23.9.1622, StadtAM, BuR 60 A 1

[13] Hofrats-Protokoll v. 12.10.1621, BayHStA, Kurbayern Hofrat 170, Bl. 44 v.

[14] Mandat Herzog Maximilians I. v. 3.8.1622, StadtAM, BuR 60 A 1

[15] Heydenreuter, Hofrat, S. 285

Von Gottes Gnaden / Maximilian / Pfaltzgraf bey Rhein /

Hertzog in obern vnd nidern Bayrn / ꝛc. Deß H: Röm: Reichs Ertztruckseß vnd Churfürst.

VNtbieten allen vnd jeden vnsern Hofraths Præsidenten / Vitzdomben / Hauptleuten / Rentmeistern / Pflegern / vnd deren Verwaltern / Richtern / Castnern / Mautnern / Zollnern / derselben Gegenschreibern / vnd allen andern vnsern Beampten / wie nit weniger den vnsern von vnser lieben vnd getrewen Landschafft / von allen Ständen / vnsern Grueß vnd Gnad zuuor / vnd geben denselben hiemit zuuernemmen. Demnach sich in der That erzaigt / daß die grosse hochuerderbliche Erfaigerung der Müntzen / welche ein zeithero in den kleinern Sorten an schrot vnd korn im schwang gangen / vnd noch nit gar widerumb in die schrancken gebracht worden / auch theils grobe Sorten: sonderlich aber vnder den Goltgulden vnd Reichstalern ergriffen / in gestalten es dann die augenscheinliche Prob / so auff deme zwischen den dreyen im Müntzwesen Correspondirenden: als dem Fränckischen / Bayrischen vnd Schwäbischen Craissen / den 12. May negsthin zu Regenspurg gehaltenen Müntz Craißtag erwisen hat / vnd zubefürchten / da hierwider nit zeitige wendung vnd fürsehung beschehe / es durch so aigennutzige ringerung der groben vnd theils kleinen Sorten leichtlichen dahin kommen / daß noch ein grösser Vbl darauß entstehn möchte. Zu fürkommung dessen aber ist auff gemeltem Müntz Craißtag einhelligen dahin geschlossen / vnd für rähtlich: ja nothwendig ermessen worden / daß die jenigen Thaler / welche am Halt etwas wenigs zu gering / für jetzo nit gantz vnd gar verbotten / sonder der gleichheit vnd innerlichen Valuta nach herunder gewürdiget / deualuiert: vnd jhrem werth nach gesetzt: Die jenigen Goltgulden vnnd Reichstaler aber / wie auch die kleine Müntzen / welche am schrot vnd korn vmb ein merckliches zu gering vnd schlecht / gantz abgeschafft vnd verbotten werden sollen.

Damit dann disem Müntzschluß auch an vnserm Orth / vnd in disem Bayrischen Craiß nothwendige vollziehung beschehe / so ordnen / wöllen / vnd befelchen wir hiemit in Ernst / daß von nun an / nach publication dises vnsers Mandats die hernach specificierte drey Sorten Reichstaler vber den bey jedem stuck gesetzten werth / von niemandts Inn: oder Außländischen / wer der auch seye / bey verlurst deß Geldts / vnd anderer vnnachläßlicher Straf / in vnsern Landen höher sollen außgeben: oder angenommen werden.

Aber die darauff folgende drey Sorten Goltgulden / Ingleichem deß Graf Philips von Solms Reichstaler / Item der Statt Kempten halbkreutzer vnd Pfenning sollen gantz vnd gar verrufft vnd verbotten seyn / gestaltsame gemelte Sorten zu menigklichs besserer nachrichtung in offentlichen Abdruck gebracht vnd hierunder gestellt worden.

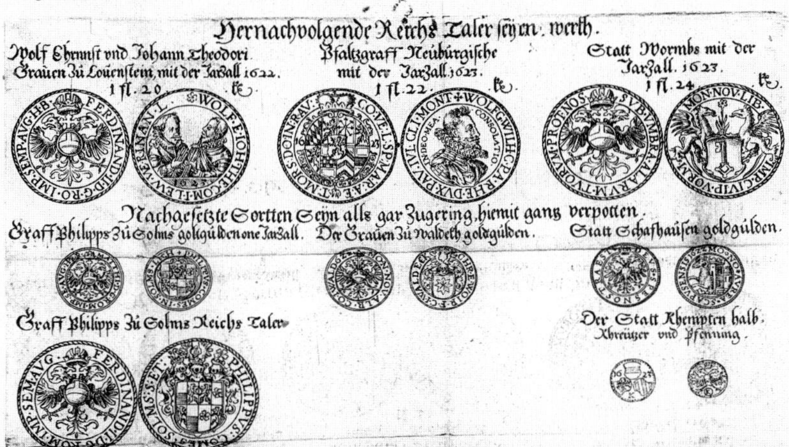

Seytemalen auch die Erfahrenheit im Werck geben / daß die guldene Sorten gegen den Silbern etwas zu gering gesetzt / vnd darauß entstanden / daß selbige ausser deß Römischen Reichs / vnd sonderlich der dreyen Craisen / in ansehung das Goldt anderer orthen höher hinauß gebracht werden mögen / fast vertragen worden / vnd dahero der orten wenig mehr gangbar, So hat man demnach auff berürtem Müntz Craißtag für gut angesehen vñ geschlossen / mit dem werth der guldenen Sorten etwas hinauff zurucken / darob wir auch alles Ernsts halten zelassen gnädigist gemaint / wöllen vnd beuelchen auch hiemit / daß es fürohin in Einnamen vnd Zahlungen durchgehendt folgender massen gehalten / vnd die hernachgesetzte Sorten also genommen werden sollen. Nemblichen:

Der Ducaten - - -	2. fl. 30. kr.	Spanische einfache Cronen -	2. fl. 15. kr.
Rosenobl - - -	5. fl. 30. kr.	Doppelte - - -	4. fl. 30. kr.
Schiffnobl - - -	4. fl. 50. kr.	Frantzösische Cronen - -	2. fl. 16. kr.
Engeloth - - -	3. fl. 40. kr.	Welsche Cronen - - -	2. fl. 10. kr.
Creutzducaten - - -	2. fl. 20. kr.	Doppelte - - -	4. fl. 20. kr.
Goltgulden - - -	1. fl. 50. kr.		

Vnd damit disem vnserm Mandat vmb souil mehrer folg beschehe / so gebieten wir hierauff obgemelten vnsern Hofraths Præsidenten / Vitzdomben / Hauptleuthen / Rentmaistern / Pflegern / vnd deren Verwaltern / Richtern / Castnern / Mautnern / Zollnern / derselben Gegenschreibern / vnd andern vnsern Beampten / wie nit weniger den vnsern von vnser lieben vnd getrewen Landtschafft von allen Ständen / vnd deren nachgesetzten Obrigkeiten vnd Amptleuten / auch allen andern vnsern Vnderthanen ins gemein / vnd wöllen / daß sie / vnd ein jeder derselben / ob disem vnserm Mandat vnd Gebott steif vnd vnuerbrochen halten / vnd deme zugegen nichts fürgehen lassen / sondern gegen den Verbrechern alßbaldt mit Confiscation deß Geldts / vnd andern ernstlichen Straffen nach gestalt der vbertrettung verfahren / darnach sich mennigklich zurichten. Datum in vnser Statt München den 10. Junij Anno 1624.

Mandat Kurfürst Maximilians I. mit einem Münzverruf des Regensburger Münzkreistags, Typendruck, 10. Juni 1624.

Mit den ersten Monaten des Jahres 1623 war jedoch der Höhepunkt der Kipper- und Wipperinflation bereits überschritten. Inzwischen war reichsweit die Einsicht in die Notwendigkeit einer dauerhaften Neufestsetzung der Münzwerte gewachsen; so gelang mit dem Augsburger Münzprobationstag des Fränkischen, Bayerischen und Schwäbischen Reichskreises vom 5. bis zum 10. April 1623 der erste Schritt zu einer neuen und stabilen Münzordnung, die schließlich auch von den anderen Reichskreisen übernommen wurde, so daß allmählich die minderwertigen Münzprägungen wieder vom Markt verschwanden[16]. Im Laufe des Jahres 1623 beruhigte sich daraufhin der Preisauftrieb, auch infolge einer guten Getreideernte, und damit stieg das Warenangebot, so daß am 26. September die Preisfestsetzungen wieder aufgehoben werden konnten[17]. Im folgenden Jahr wurden dann auch die Ausfuhrverbote gelockert. Die Fleischpreise und die Bewirtungskosten blieben allerdings nach wie vor hoch. Da die bayerischen Wirte schließlich als die teuersten Wirte im ganzen Reich galten, erließ der Landesherr am 5. November 1625 eine Wirtsordnung, die den Wirten und Brauern feste Sätze vorschrieb[18]. Auch in die Kleiderordnung, die Maximilian am 26. Juni 1626 erließ[19], flossen Erfahrungen aus der Inflationszeit mit ein; war es doch eines der Ziele dieser Ordnung, durch die Beschränkung des Kleidungsaufwandes den Geldabfluß ins Ausland für Luxusprodukte zu verhindern.

[16] Mandat Kurfürst Maximilians I. v. 26.4.1623, StadtAM, BuR 60 A 1; vgl. Münzverruf Kurfürst Maximilians I. v. 10.6.1624, StadtAM, BuR 59/1

[17] Mandat Kurfürst Maximilians I. v. 26.9.1623, StadtAM, BuR 60 A 1

[18] Landesfürstliche Ordnung über die Bewirtung der Gäste von Wirten und Brauern v. 4.11.1625, StadtAM, Zimelien 166

[19] Landesfürstliche Kleiderordnung v. 26.6.1626, StadtAM, Zimelien 167

Schlacht am Weißen Berg bei Prag am 8. November 1620, Öl auf Leinwand, Anfang 18. Jh. (Foto: Mark Schütze)

Die Ruhe vor dem Sturm

Für die unter der Inflation leidenden Menschen war es nur ein schwacher Trost, daß 1623 vermehrter fürstlicher Glanz in München einzog. Am 8. November 1620 hatte das kaiserlich-ligistische Heer unter Herzog Maximilian von Bayern und dessen Generalleutnant Johann Tserclaes Graf von Tilly die aufständischen Böhmen in der Schlacht am Weißen Berg bei Prag geschlagen. Friedrich V. von der Pfalz, der »Winterkönig«, hatte damit seine Königswürde verloren und war im folgenden Jahr von Kaiser Ferdinand II. geächtet worden. Mit der frei gewordenen pfälzischen Kurwürde hatte der Kaiser heimlich den Herzog von Bayern für dessen Unterstützung belehnt. Auf dem Regensburger Deputationstag wurde Maximilian I. die Kurwürde am 25. Februar 1623 nun öffentlich verliehen, jedoch zunächst nur für seine Person. München war kurfürstliche Residenzstadt geworden. Die Rangerhöhung wurde am 4. März überall in Bayern ausgerufen. Erst nachdem der Kaiser den Sieg über die protestantischen Reichsstände davonzutragen schien, wagte er es am 4. März 1628, Maximilian I. die Kurwürde auch für seine Nachfolger erblich zu übertragen. Durch diese Stärkung der katholischen Seite des Kurfürstenkollegiums fühlten sich jedoch die protestantischen Reichsstände nur zu erhöhtem Widerstands- und Kampfeswillen herausgefordert.

Das Jahr 1623 bedeutete daher auch einen großen Einschnitt für die städtischen Finanzen Münchens. Unterstützt von den Niederlanden, die die mit dem Kaiser verbündeten Spanier aus dem Reich vertreiben wollten, führten in Norddeutschland die protestantischen Heerführer Graf Ernst von Mansfeld und Herzog Christian von Braunschweig-Lüneburg, der »tolle Halberstädter«, den Kampf gegen die katholischen Mächte weiter. Da somit ein Ende des Krieges noch nicht abzusehen war, verlangte Maximilian von Bayern am 11. Juli 1623 von seiner Landeshauptstadt einen Beitrag zu den Kriegskosten. Er erlegte der Stadtkasse eine Anleihe von 50 000 fl. auf. Die Stadt mußte ihrerseits zur Finanzierung dieses Betrags eine Anleihe bei ihren Bürgern aufnehmen, zu der der Stadtrat Franz Füll mit 18 000 fl. den größten Anteil beisteuerte[20]. Damit erhöhte sich die Verschuldung Münchens beträchtlich, die Stadt litt noch jahrzehntelang unter dieser Schuldenlast.

Inzwischen machte sich in München eine weitere Bedrohung bemerkbar: Wie alle Kriege begünstigte auch der Dreißigjährige Krieg die Ausbreitung von Seuchen, vor allem der Pest. Die hohe Zahl von durch die Kampfhandlungen Verletzten und Getöteten förderte die Entstehung von Krankheiten ebenso wie der durch die Not und das Elend erzwungene niedrigere Hygienestandard. Entbehrungen durch Kämpfe und eine schlechte Versorgungslage machten die Menschen körperlich anfälliger. Truppenbewegungen und Flüchtlingszüge begünstigten zusätzlich die Ausbreitung von Erregern. In München versuchte man, durch eine verschärfte Kontrolle an den Stadttoren das Einschleppen einer solchen Seuche zu verhindern. Fremde, die aus Gegenden kamen, in denen die Pest bereits ausgebrochen war, durften die Stadt nicht mehr betreten, eingehende Briefe wurden im Räucherhaus vor dem Neuhauser Tor geräuchert und fremdes Geld wurde gewaschen. Auswärtige Waren mußten am Isartor in einem Stadl zur Quarantäne deponiert werden, bevor sie in die Stadt gebracht werden durften[21]. Den Bewohnern der Stadt wurden vorbeugende Verhaltensmaßregeln mitgeteilt. So wurden sie ermahnt, »daß zur verhütung solcher Sucht in den Häusern und auff den Gassen die Saubrigkeit zu halten, der Brandwein überflüssig nit zutrincken, die gemaine Bäder behutsam zebrauchen, Speiß und Tranck, sonderlich das weise Waitzen Bier nit übermessig zuniessen seye«[22].

[20] Kammerrechnung 1623, fol. 75, StadtAM, Kämmerei 1/232

[21] Generalinstruktion v. 1624, StadtAM, Gesundheitsamt 52; vgl. Die Pest in München, S. 311

[22] Kurtzer bericht, wie sich der gemaine Mann in jetzt grassierendem Kopfwehe und hitzigen Fieber zuverhalten habe, StadtAM, Gesundheitsamt 43

Die große Zahl »frembder und starcker Betler, Landtstörtzer, umblauffenden Gartenden Soldaten und andern Herrnlosen müessiggehenden gesindls«[23] und von den Kriegsschauplätzen zurückkehrender Soldaten machte jedoch eine wirksame Vorsorge unmöglich, zumal kaum Kenntnisse über die Ansteckungswege vorhanden waren. So trat seit dem Herbst des Jahres 1627 die Pest auch in Bayern auf[24]. München kam allerdings vorerst noch glimpflich davon: Als am 28. September 1628 im Haus des Geheimen Rats Bartholomäus Richel eine Magd plötzlich verstarb, kam sofort der Verdacht auf Pest auf. Daraufhin wurden alle Personen, die direkten Kontakt mit der Verstorbenen gehabt hatten, auf Kosten der Stadt für 20 Wochen in Gartenhäuschen vor den Mauern isoliert, so daß sich die Seuche nicht weiter ausbreiten konnte und es nur wenige weitere Opfer gab[25].

Inzwischen schien jedoch der Krieg fast vor seinem Ende zu stehen. 1625 war König Christian IV. von Dänemark auf der Seite der von Frankreich, den Niederlanden und England unterstützten Protestanten in den Krieg eingetreten, aus dem bisherigen »Böhmisch-Pfälzischen Krieg« war der internationale »Dänisch-Niedersächsische Krieg« geworden. Dem ligistischen Feldherrn Tilly und dem 1625 berufenen kaiserlichen Oberbefehlshaber Albrecht von Wallenstein war es jedoch gelungen, die Dänen bis 1629 wieder aus dem Reich zu vertreiben. Die Phase der Wiedererstarkung der katholischen Mächte in Deutschland schien dem bayerischen Kurfürsten geeignet, an den inneren Ausbau seiner Haupt- und Residenzstadt zu denken. 1620 hatte Maximilian den Ordensgeneral der Unbeschuhten Karmeliten Dominicus a Jesu Maria zu seiner Unterstützung zur Teilnahme am böhmischen Feldzug bewegt. Nach dem Sieg in der Schlacht am Weißen Berg hatte der Herzog daraufhin die Stiftung eines Karmelitenklosters in München gelobt[26]. Jetzt schien der Zeitpunkt zur Erfüllung dieses Gelübdes günstig zu sein. Am 1. November 1629 trafen vier Karmeliten aus dem Prager Konvent in München ein und wurden vom Kurfürsten zunächst in der Herzog-Max-Burg untergebracht.

Im folgenden Jahr landete der schwedische König Gustav Adolf am 6. Juli in Pommern, um seinem Land die Vorherrschaft über die Ostsee zu sichern und den bedrängten Protestanten im Reich beizuste-

---

23 Bettlerordnung Kurfürst Maximilians I. v. 19.11.1627, StadtAM, BuR 60 A 1

24 Friesenegger, S. 15

25 Rechnung v. 1628/1629, StadtAM, Gesundheitsamt 107

26 Daß Maximilian gleichzeitig auch den Hochaltar für die Liebfrauenkirche stiftete, vgl.: Schattenhofer, S. 6, beruht offenbar auf einer Fehlinterpretation der erst nachträglich angebrachten Widmungsinschrift am ehemaligen Hochaltar. Zum Zeitpunkt der Schlacht am Weißen Berg war der Altar bereits fertiggestellt.

König Gustav II. Adolf von Schweden, Kupferstich von Lucas Kilian nach einem Gemälde von Anthonis van Dyck, um 1630.

hen und eröffnete damit den »Schwedischen Krieg«. Der wegen seiner nordischen Herkunft im Volksmund gerne als »Löwe aus Mitternacht« bezeichnete Schwedenherrscher gewann rasch die Vorherrschaft in Norddeutschland, zumal der kaiserliche Generalissimus Wallenstein auf Betreiben der Kurfürsten inzwischen entlassen worden war, und marschierte dann nach Süden, um seine Hauptgegner Maximilian von Bayern und den Kaiser in ihren eigenen Territorien zu bedrohen. Viele Karmeliten flohen jetzt vor seinen Truppen nach München und machten es zu einem wichtigen Zentrum ihres Ordens. Sogar das Noviziat der deutschen Provinz wurde von Prag in die bayerische Hauptstadt verlegt. Kurfürst Maximilian erließ daraufhin am 1. Juli 1631 einen förmlichen Gründungsbrief für die Münchner Ordensniederlassung und sah für den Klosterbau ein Gelände außerhalb der Mauern zwischen Angertor und Schiffertor im Süden der Stadt vor. Die weiteren Kriegsereignisse ließen jedoch an eine Verwirklichung dieser Pläne nicht mehr denken, so daß der Grundstein für das Kloster, jetzt neben der Herzog-Max-Burg, erst nach dem Tod Maximilians am 3. Mai 1654 gelegt werden konnte.

Karmelitenkloster mit Stifter Maximilian I. von Bayern, Öl auf Leinwand, Anfang 18. Jh. (Foto: Mark Schütze)

Der Löwe aus Mitternacht

Da sich die militärischen Auseinandersetzungen des Dreißigjährigen Krieges bisher weitgehend auf Böhmen, die Pfalz und Norddeutschland beschränkt hatten, war München von direkten Kampfhandlungen noch verschont geblieben. Dies sollte sich jedoch mit dem Vormarsch König Gustav Adolfs ändern. Bereits zu Anfang April 1632 stand er an der Donau und erzwang sich am 15. April bei Rain den Übergang über den Lech. Das geschwächte und zahlenmäßig unterlegene bayerische Heer konnte ihm keinen Widerstand entgegensetzen und zog sich unter dem Kommando des Kurfürsten nach Ingolstadt und schließlich nach Regensburg zurück. Das Kurfürstentum Bayern stand den Schweden offen. Nachdem es Gustav Adolf nicht gelang, die bayerische Hauptfestung Ingolstadt zu erobern, und ihm der Weg nach Osten durch die in Regensburg verschanzte kurfürstliche Streitmacht versperrt war, wandte er sich nach Süden, um Maximilians Haupt- und Residenzstadt München einzunehmen.

Jetzt durchlebte auch Bayern die leidvollen Erfahrungen mit dem Durchzug fremder Heere, die andere Teile des Reiches schon seit 1618 hatten machen müssen. Während die Städte durch die Zahlung von Kontributionsgeldern weitgehend verschont blieben, war vor allem das Land den soldatischen Beschaffungszügen ausgesetzt. Wie der Abt von Andechs klagend in seinem Tagebuch vermerkte, war der Vormarsch der Schweden trotz aller Disziplin gekennzeichnet von »unerschwinglichen Schatzungen, Verwüsten, Brennen und Morden... Zur Überzeugung dieser Wahrheit sahe man alle Nächte von weitem 4, 5 und noch mehr Feuersbrünste«[27]. Den Bauern verblieb nach dem Durchzug der feindlichen Soldaten oft nicht mehr als das Getreide auf dem Feld, falls dieses nicht auch angezündet oder zertrampelt worden war. Was die Schweden dennoch übrigließen, wurde vielfach Opfer einheimischer Plünderer, ja selbst der zur Verteidigung eingesetzten eigenen Truppen. München hatte das Schlimmste zu befürchten, zumal Gustav Adolf drohte, als Vergeltung für das bei der Einnahme durch die Truppen Tillys im Vorjahr verwüstete Magdeburg nun der bayerischen Hauptstadt das gleiche Schicksal zu bereiten.

27 Friesenegger, S. 24

Gedenkblatt an die Eroberungen Gustav Adolfs von Schweden in den Jahren 1631 und 1632, Kupferstich von Elias Baeck alias Heldenmuth, 1730. Im unteren Drittel der linken Spalte (Nr. 64) ist München zu erkennen.

Jetzt rächte es sich, daß man bei der Anlage der Befestigungswerke in den letzten Jahren so nachlässig geworden war. Der Wallgürtel war kaum bis zur Hälfte vollendet und bot daher keinerlei Schutz, die alten Stadtmauern waren zur Verteidigung nicht mehr geeignet. Nachdem sich der Kurfürst bereits bei seinen Truppen aufhielt, verließen schon am Gründonnerstag, am 8. April, die Kurfürstin und ihr Schwager Herzog Albrecht mit seiner Familie München und brachten sich in Salzburg in Sicherheit. Auch die kurfürstliche Schatzkammer, kirchliche Schätze und die städtische Barschaft im Wert von 32 449 fl. wurden in das benachbarte Erzbistum geflüchtet[28]. Wer es sich unter den Einwohnern Münchens leisten konnte, suchte in Tirol oder gar in Italien Schutz vor den feindlichen Schweden. Auch die meisten Insassen der Frauenklöster wollten den Protestanten nicht ausgeliefert sein und verließen die Stadt: »Ihre keuschen und unschuldigen Täublein sollten nicht von den scharpfen, ainhebigen Klauen deren unkatholischen Raubvögel ergriffen werden«[29]. Im Gegenzug floh die Landbevölkerung aus der umliegenden Gegend in die Mauern der Haupt- und Residenzstadt. Zwar wurden 1027 Mann der Dachauer und Wolfratshauser Landfahnen nach München verlegt, zwar wurde auch die Bürgerwehr in Alarmbereitschaft versetzt, ernstzunehmenden Widerstand hätte dieses Aufgebot unter dem als Stadtkommandanten eingesetzten Hauptmann Julius Burggraf den Schweden allerdings nicht leisten können[30].
Der in München verbliebene französische Gesandte Jean de Saint-Étienne begab sich ins schwedische Lager nach Freising, um noch im letzten Moment Verhandlungen über eine Neutralität Bayerns zu führen und sich gleichzeitig für eine Schonung Münchens einzusetzen. Da Gustav Adolf verärgert darüber war, daß ihm die Münchner Bürgerschaft nicht bereits bis Moosburg entgegengekommen war, um ihm die Übergabe der Stadt anzubieten, erbat der Gesandte in einem Schreiben vom 14. Mai dringend eine städtische Abordnung, um das Schlimmste für München zu verhüten. Tatsächlich zeigten sich bereits am nächsten Morgen schwedische Reiter vor dem Neuhauser Tor. Es kam zu einem Schußwechsel, der von den Münchnern allerdings sofort wieder abgebrochen wurde, um den Schwedenkönig nicht noch mehr zu verärgern[31]. Gleichzeitig machten sich

[28] Paarschaft So bei der Statt Cammer den 7. April Anno 33 [sic!] eingeschlagen, und den 8. hernach fortgeschickht und geflehuet worden, StadtAM, Kämmerei 15
[29] Zit. nach: Schattenhofer, S. 4
[30] Kammerrechnung 1632, fol. 155, StadtAM, Kämmerei 1/241; vgl. Gewiser Bericht, S. 308 ff.; Sutner, S. 20 f.
[31] Sigl, S. 14, nennt zwar dafür bereits den 14. Mai, setzt aber auch die unmittelbar folgenden Ereignisse jeweils um einen Tag zu früh an.

der kurfürstliche Kriegsrat Johann Küttner, die Bürgermeister Friedrich Ligsalz und Ferdinand Barth sowie der Stadtrat Paulus Parsdorfer als Münchner Delegation auf den Weg nach Freising, um für die Stadt um Gnade zu bitten. Erst nach wiederholten Versuchen wurden sie empfangen. Gustav Adolf ließ sich schließlich auf Bitten des französischen Gesandten und nach einem Fußfall Küttners dazu bewegen, München die Schonung vor Brand und Plünderung, die Sicherung von Personen und Eigentum und die Bewahrung von Religion und politischer Verfassung gegen die Zahlung einer Kontribution zuzugestehen.

Bereits am folgenden Tag wurde eine schwedische Schutzgarde nach München verlegt und jedes Haus erhielt Einquartierungen, während sich die Hauptarmee vor den Mauern lagern mußte und die Reiterei auf die umliegenden Dörfer verteilt wurde. Am 17. Mai zog Gustav Adolf, begleitet von Pfalzgraf Friedrich V., dem Winterkönig, dem Pfalzgrafen August von Sulzbach und den Herzögen Bernhard und Wilhelm von Weimar sowie Johann von Holstein, nachdem ihm zuvor die Stadtschlüssel übergeben worden waren, mit drei Regimentern feierlich durch das Isartor in München ein und nahm in der Residenz Quartier. Die Stadttore wurden mit schwedischen Soldaten besetzt, und die Klöster, das städtische Zeughaus und weitere wichtige Gebäude erhielten eine Schutzwache. Die Einnahme Münchens war für Gustav Adolf »der abschließende Höhepunkt seiner Laufbahn als größter Eroberer, den Europa seit dem Mongolensturm des 13. Jahrhunderts gesehen hatte«[32].

Der Schwedenkönig war von München sehr angetan, er soll die Stadt angesichts des eher kargen Umlandes mit einem »goldenen Sattel auf einem magern Pferde« verglichen haben[33]. Daß er auch von der Residenz so beeindruckt gewesen sein soll, daß er sie am liebsten mit in seine eigene Hauptstadt genommen hätte, ist allerdings wohl mehr eine spätere Ausschmückung der Tatsache, daß ihm ein Ofen in der Residenz so gut gefiel, daß er »gewinschet, daß dieser ofen zu Stockholm wehre«[34]. Seine der Münchner Delegation gemachten Zusagen hielt Gustav Adolf, der im Vergleich zu anderen Heerführern seiner Zeit auf eine geradezu vorbildliche Disziplin unter seinen Truppen achtete, streng ein, so daß sich die Stadt angesichts der Verwüstungen in der Umgebung über ihr Schicksal nicht beklagen konnte. »Denn alles, Leben, Eigentum und Ehre war unter

---

32 Junkelmann, S. 425
33 Sutner, S. 29
34 Trautmann, S. 508

Übergabe der Münchner Stadtschlüssel an König Gustav Adolf am 17. Mai 1632, Kupferstich von Matthäus Merian, 1644.

CHEN.
FLUV.
Kön. M: zu Schweden.
Ke: in Bohmen.
Pfaltz: Augusts.
Hertz: Wilhelm v Weim.
Hertz Ioh. v Holstein.

Ihm sicherer als selbst unter der churfürstlichen Garnison«, mußte sogar der Abt von Andechs zugeben[35]. Nur in wenigen Fällen kam es tatsächlich zu Übergriffen gegen fremdes Eigentum, und diese betrafen zumeist landesherrliche Einrichtungen. Gustav Adolf ließ von den in der Residenz verbliebenen Galerieresten elf Gemälde auswählen und zusammen mit der kurfürstlichen Münzsammlung nach Stockholm senden. Gemäldegalerie, Hofbibliothek und Kunstkammer wurden auch von den anwesenden Reichsfürsten geplündert[36]. Aus den Salzstädeln wurden auf des Königs Befehl Salzscheiben günstig an die Münchner verkauft, zum Teil auch an Bedürftige verteilt. 140 Geschützstücke des kurfürstlichen Zeughauses, die man vor dem Schwedeneinmarsch hatte vergraben lassen, darunter auch Beutestücke aus der Schlacht am Weißen Berg und aus den Kriegszügen gegen die Dänen, ließ Gustav Adolf bei einer Besichtigung des Zeughauses am 18. Mai wieder ausgraben und mit weiteren Waffenvorräten nach Augsburg bringen. Ein Bauer hatte ihm das Versteck verraten, und weitere Bauern waren sehr willig, gegen Bezahlung die Geschütze wieder an das Tageslicht zu befördern. Aus dem städtischen Zeughaus wurden ebenfalls Waffenvorräte abgeführt. Auch einige von ihren Besitzern verlassene Palais büßten durch die einquartierten Soldaten ihre Lebensmittelvorräte ein, das Hofbräuhaus und die städtischen Vorratslager wurden zum Teil leergeräumt.

Das Eigentum und das Leben der Münchner Bevölkerung durfte aber nicht angetastet werden; wer sich dagegen verging, mußte mit den härtesten Strafen rechnen. So wurden drei schwedische Soldaten wegen räuberischer Übergriffe zur Abschreckung auf dem Markt, dem heutigen Marienplatz, öffentlich gehängt. Alles, was sich die Schweden in der Stadt zu ihrem Lebensunterhalt oder zu ihrem Gebrauch erwarben, mußten sie auch angemessen bezahlen. Sie verschafften damit dem städtischen Gewerbe zusätzliche Einkunftsmöglichkeiten. Die Umgebung Münchens wurde dafür umso schlimmer heimgesucht. Nicht nur, daß die Soldaten die Gärten vor den Toren der Stadt zur Erbauung von Feldhütten abholzten und verwüsteten, sie durchsuchten auch systematisch die umliegenden Bauerndörfer und Kirchen in der Hoffnung auf verborgene Schätze. Ihre Beute brachten sie in die Stadt und boten sie dort zum Kauf an. Es entstand damit die groteske Situation, daß das Eigentum der Münchner geschützt war, daß aber gerade die Münchner billigste Ware erstehen konnten, die kurz zuvor rund um die Stadt zusammengeraubt worden war, und durch ihre Kaufbereitschaft die Schweden

[35] Friesenegger, S. 24
[36] König Gustav Adolph, S. 75 ff.

geradezu zu weiteren Beutezügen aufstachelten: »ist diser Zeith grosses rauben vnd Plindern geschehen, Sonderlich auf dem landt, vnd allerlei sachen herein gebracht. Da hat es ahn khauffern nicht gemannglet, vnd wan die schwedischen zu Morgens etliche wagen beladen herein gebracht, in weinig Stundten ist alles auf khaufft worden. allß dan sein sy wider vmb andre Peit hinaus gezogen«[37]. Vor allem die Lebensmittelpreise in München sanken dadurch ins Bodenlose, so waren erbeutete Rinder zeitweise für nur noch einen Gulden zu haben[38].

Auch die Religionsausübung erfuhr durch die Besatzung keinerlei Beeinträchtigung. Gustav Adolf, der Schutzherr der Protestanten, zeigte im Gegenteil großes Interesse an der Begegnung mit dem katholischen Glauben, besichtigte die wichtigsten Kirchen der Stadt und wohnte sogar Gottesdiensten bei. Seine eifrigsten Glaubensgegner, die Jesuiten, die sich nicht scheuten, schwedische Besatzungssoldaten unter den Augen ihres Herrschers zum katholischen Glauben zu bekehren, suchte der König sogar am 19. Mai in St. Michael auf und ließ sich dort von Rektor Walter Mundbrod das Gottesdienstritual genauestens erklären und diskutierte mit ihm über die Transsubstantiation[39]. Anschließend begab er sich zu einer Truppenbesichtigung vor die Stadt. Am folgenden Tag, dem Himmelfahrtstag, ließ Gustav Adolf in seinen Räumen in der Residenz Gottesdienst abhalten, den ersten protestantischen Gottesdienst in der Geschichte der Residenz. Danach begab er sich in die Frauenkirche, die er sich von Dechant Jakob Golla zwei Stunden lang ausgiebig zeigen ließ. Wie stets, wenn er sich in der Stadt zeigte, warf er beim Verlassen der Kirche Geld in die wartende Menge[40].

Ganz so ungetrübt, wie es hier den Anschein hat, verlief der Aufenthalt Gustav Adolfs in München natürlich nicht: Am 19. Mai wurden die Bürgerschaft auf dem Anger und die Geistlichkeit im Jesuitenkollegium zusammengerufen und ihnen eröffnet, daß der Schwedenkönig für die Schonung der Stadt eine Kontribution von 300 000 Reichstalern fordere. Dies war zwar weniger als die bei den Übergabeverhandlungen zunächst geforderten 400 000 Reichstaler, es war aber immer noch eine ungeheuere Summe, die etwa 40 Prozent des damaligen schwedischen Steueraufkommens eines ganzen Jahres entsprach[41]. Dennoch bemühten sich der Magistrat und die Bürger-

37 Leuchtmann, S. 209
38 Gewiser Bericht, S. 316
39 Lang, S. 137 f.; Schaedel, S. 122 f.
40 Merian, S. 46 f.; vgl. Westenrieder, S. 208 f.
41 Rystad, S. 425

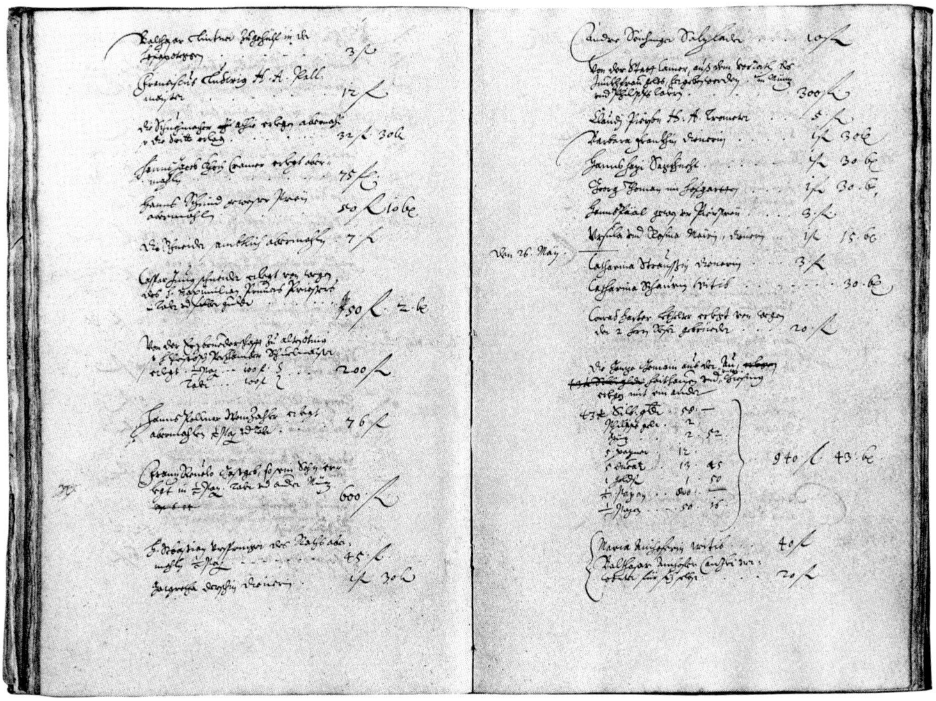

Register der Einnahmen für die Kontributionszahlung an die Schweden, 1632. Auf der rechten Seite sind mit 940 fl. 43 kr. auch Beiträge der Au, Haidhausens und Giesings aufgelistet.

schaft nach Kräften, soviel wie möglich von dieser Summe zusammenzutragen. Die Stadt steuerte alles vorhandene Geld und Gold- und Silbergeschirr bei, die Kirchen und Klöster opferten ihre Geräte und die Bürgerschaft lieferte soviel Bargeld und Schmuck ab, wie ihr möglich war. Selbst die Ärmsten in der Stadt, Witwen, Knechte und Mägde, mußten sich beteiligen, um den Feind möglichst schnell wieder loszuwerden. Auch die Au, Haidhausen und Giesing leisteten Beiträge. Ganz freiwillig erfolgten die Abgaben nicht immer; die städtischen Geldeinsammler mußten zu ihrer Sicherheit von Schutzwachen begleitet werden. Aber auch durch wiederholte Sammelaktionen und Ermahnungen, noch die letzten Wertgegenstände abzuliefern, gelang es nicht, die geforderte Summe aufzubringen, zumal sich ja gerade viele der reichsten Einwohner Münchens mit ihren Vermögen außerhalb in Sicherheit gebracht hatten. So versuchte der Magistrat, die Restsumme durch einen Kredit in Augsburg aufzubringen. Die Münchner Delegation kehrte allerdings erfolglos aus der Nachbarstadt zurück.

Noch während man in München mit der Sammlung der Kontributionsgelder beschäftigt war, verließ Gustav Adolf die Stadt vermutlich

Dechant Jakob Golla, Öl auf Leinwand, 1648.

am 27. Mai[42] und begab sich nach Augsburg, während ein Großteil seiner Armee weiterhin vor der bayerischen Hauptstadt lagerte. Der von ihm ernannte Stadtkommandant, der schottische Oberst Hepburn, hielt auch während der Abwesenheit des Königs die mustergültige Ordnung in München aufrecht. Inzwischen hatte der in seine Befehlsgewalt wieder eingesetzte kaiserliche Feldherr Wallenstein in Böhmen den Vormarsch angetreten und drohte durch eine Vereinigung seiner Truppen mit denen des Kurfürsten Maximilian in Nordbayern die Schweden von ihrer Basis in Norddeutschland abzutrennen. Der Schwedenkönig reiste deshalb wohl am 5. Juni zurück nach München. Diesmal nahm er allerdings nicht mehr in der Residenz Quartier, sondern in einem Gasthaus am Marienplatz, an dessen Stelle heute das Neue Rathaus steht. Am nächsten Abend fand im Alten Hof ein Schaufechten zwischen den Schweden und den Münchnern statt. Am folgenden Tag verließen die Schweden die Stadt wieder, um dem Feind nach Franken entgegenzuziehen, eine Schutztruppe von 25 Mann, ein verwüstetes Feldlager mit vielen Tierkadavern und 34 in weitem Umkreis aufgefundene Tote zurücklassend[43].
Trotz aller Bemühungen war es den Münchnern nicht gelungen, die geforderte Kontributionssumme zusammenzubringen. Bis zum Abzug der Schweden konnten an Bargeld, Silbergeschirr und Gold lediglich insgesamt 144 273 fl. aufgebracht werden, von denen auch noch die durch die Besatzung entstandenen Kosten abzuziehen waren. Den Schweden konnten daher nur 135 000 fl. übergeben werden, das waren 90 000 Reichstaler, nicht einmal ein Drittel der geforderten Summe. Es entstanden deshalb Befürchtungen, daß der Schwedenherrscher nun aus Rache die vier Haupttore der Stadt und die Residenz auf Anraten des Winterkönigs in die Luft sprengen werde. Gustav Adolf soll dem Pfälzer jedoch erwidert haben, er führe mit lebendigen Feinden Krieg, nicht aber mit Steinen und Mauern. Tatsächlich begnügte er sich damit, für die noch ausstehenden 210 000 Reichstaler von der Stadt je 22 weltliche und geistliche Geiseln zu verlangen, die bis zur völligen Bezahlung der Kontribution in seinem Gewahrsam bleiben sollten. Die Auswahl der Geiseln blieb den Orden und der Stadt überlassen.

[42] Sutner, S. 30; Sigl, S. 3, der allerdings bereits zuvor den Einzug Gustav Adolfs in München einen Tag zu früh angesetzt hat, gibt den 26. Mai an; Leuchtmann, S. 209, nennt den 23. Mai.

[43] Kammerrechnung 1632, fol. 157, StadtAM Kämmerei 1/241; die Kritik von Wolf, S. 532 f., an der Datierung des Aufenthalts der Schweden in München läßt sich nicht mehr aufrecht erhalten, die Rechnung des kurfürstlichen Braunen Bräuhauses 1632/33, fol. 9, StAM, Hofbräuhaus München 328, nennt als Aufenthaltsdatum die Zeit vom 17. Mai bis zum 7. Juni.

Da von den ausgewählten weltlichen Vertretern zwei erkrankt waren, machten sich am Morgen des 7. Juni lediglich 42 Geiseln unter der Bedeckung von zwei Dragoner-Kompanien auf den Weg nach Augsburg, wo sie am nächsten Tag von den »blutgierigen Augsburgern« mit Verwünschungen und Beschimpfungen begrüßt wurden: »Schelmen, Dieb, Mausköpf, Rädlführer, Galgenvögel - uf den Scheiterhaufen und Galgen mit ihnen« sollen die Willkommensgrüße gelautet haben, wie eine der Geiseln, der Franziskaner Franz Sigl berichtete[44]. Die erste Nacht mußten die Münchner in einem Gasthaus verbringen. Wegen der dortigen Enge durften die geistlichen Geiseln die folgende Zeit in Augsburger Klöstern verbleiben. Aber schon am 16. Juni wurden alle schwedischen Geiseln, auch die aus anderen bayerischen Städten, gemeinsam in der Pfalz, der alten bischöflichen Residenz, untergebracht, wo sie jetzt als Gefangene behandelt wurden, da die Kontribution noch immer nicht vollständig bezahlt worden war.
Am 7. August wurden noch einmal insgesamt 73 000 Reichstaler nach Augsburg geliefert, die Kurfürst Maximilian zur Verfügung gestellt hatte, aber die Schweden ließen daraufhin nicht, wie erhofft, die Hälfte der Geiseln frei, sondern forderten zuerst noch einmal 37 000 Reichstaler. In München und am kurfürstlichen Hof fühlte man sich dadurch berechtigt, die weitere Auszahlung der Brandschatzung in Frage zu stellen, und versuchte, mit den Schweden zu verhandeln, zumal die finanziellen Kräfte der Stadt tatsächlich erschöpft waren. Es hatte die Münchner Finanzsituation auch kaum verbessert, daß den vor den Schweden geflohenen Bürgern nun als nachträglicher Beitrag zur Kontribution ein fünfzehnfacher Steuersatz auferlegt worden war[45].
Die Schweden waren über diese Verzögerungstaktik verärgert und ließen dies die Geiseln spüren. Indem man ihnen fast täglich mit einer Verschlimmerung ihrer Lage oder einer Verwüstung Münchens drohte, versuchte man, sie zu zermürben und über sie wiederum die Kontributionszahlung zu erzwingen. Die Situation wurde kritisch, als im Juni 1633 Martin Valpichler, eine der Münchner Geiseln, zusammen mit einer Landshuter Geisel von einem Verhandlungsauftrag trotz seines gegebenen Eides nicht mehr zurückkehrte. Die Schweden waren nun entschlossen, ihre Drohungen wahrzumachen, und verbrachten die Geiseln am 17. Juni unter Mißhandlungen nach Nördlingen. In ihrer Angst, von der Heimat völlig vergessen zu werden, erreichten die Geiseln durch Bittgänge nach Mün-

[44] Sigl, S. 9
[45] Kammerrechnung 1633, fol. 79 f., StadtAM, Kämmerei 1/242

chen die Wiederaufnahme der Verhandlungen über die Zahlung der restlichen Kontribution, in deren Folge sie am 27. August wieder nach Augsburg zurückverlegt wurden. Erbittert über die Münchner Haltung machten die Schweden den Geiseln Vorwürfe: »Türken und Heiden hielten ihr Wort und Versprechen; aber unsere Leut...kämen ihrem Verloben und Angloben nit nach«[46].

Am 18. Februar 1634 einigten sich die bayerischen Unterhändler mit den Schweden darauf, die verbliebene Brandschatzungssumme durch die Lieferung von Salz abzugleichen. Augsburger Geldgeber erklärten sich bereit, für 49 765 Scheiben Salz den Schweden die Summe von 140 000 Reichstalern auszuzahlen. Die Lage der Geiseln besserte sich dadurch etwas. Aber auch bei der Salzlieferung kam es durch Transportprobleme und die Kriegslage bald zu Verzögerungen, so daß insgesamt nicht mehr als 1100 Salzscheiben in Augsburg eintrafen.

Nach der vernichtenden Niederlage der Schweden am 6. September 1634 bei Nördlingen begann die kaiserlich-bayerische Armee die Belagerung Augsburgs. An weitere Salzlieferungen war nun nicht mehr zu denken. Mit der Übergabe der schwäbischen Reichsstadt am 13. März 1635 hatte jedoch die Gefangenschaft der Münchner Geiseln ohnehin ein Ende, so daß sie am 3. April nach München zurückkehren konnten. Vier von ihnen waren in der Zwischenzeit verstorben, der Franziskaner Blasius Rechpacher war zum Luthertum übergetreten. Bereits am 21. Juni 1632 hatten die Geiseln gelobt, nach ihrer Befreiung eine Wallfahrt und einen Dankgottesdienst zu Ehren der Gottesmutter zu veranstalten und eine Votivtafel zu errichten. Die Tafel war schon kurz darauf bei Matthias Kager in Auftrag gegeben worden. Am 19. April 1635 wurde die Wallfahrt nach Maria Ramersdorf durchgeführt und das Votivbild aufgestellt.

München war die schwedischen Truppen am 7. Juni 1632 losgeworden, aber bereits am 19. Juni lagen wieder Soldaten, diesmal kaiserliche Kroaten, vor der erschöpften Stadt und forderten Versorgungsleistungen. Sie hausten in der Umgebung nicht weniger schrecklich als die feindlichen Schweden. Bis zur schwedischen Niederlage bei Nördlingen 1634 waren weite Teile Bayerns Schauplatz beständiger Kämpfe zwischen den Schweden und den Truppen des Kaisers und seiner Verbündeten, die dem Umland weitere Verwüstungen und München weitere Einquartierungen und Kosten brachten, »wie dan alle Dag des zu vnd wider hinwekh Marschierens khain ent ist vnd Nichts Nuzet, alls die Arme leidt auf dem Landt ab brent, Plindert, aus Peit vnd NiderMacht, auch in den Stetn grossen schaden thuet,

46 Sigl, S. 132

Votivbild der Münchner Schwedengeiseln in St. Maria in Ramersdorf, Öl auf Holz, Matthias Kager, 1635. (Foto: Mark Schütze)

laider, Gott erparms«[47]. Die einquartierten Truppen verhinderten aber auch, daß die Schweden bei ihren Operationen im April 1633 unter Bernhard von Weimar und im Sommer 1634 unter Gustav Horn und Bernhard von Weimar München erneut angriffen. Immer wieder mußten sich auch Bauern aus der Nachbarschaft vor der plündernden Soldateska in die Stadt flüchten. Allein vom 28. August 1632 bis zum 29. Januar 1633 verstarben 124 dieser Flüchtlinge im Räucherhaus vor dem Neuhauser Tor[48]. 1634 wurden etwa 600 in die Stadt geflüchtete Bauern zu Arbeiten am Festungsbau herangezogen. Mit dem Abzug der Schweden war die Gegend um München in einem Umkreis von 30 Kilometern nahezu völlig verwüstet und menschenleer[49]. Ein Austausch von Nahrungsmitteln und Gewerbe-

[47] Leuchtmann, S. 219; Verzaichnuß, waß auf underschidliche Salva Guardia bey wehrenden Khriegsleiffen erloffen unnd bezallt worden Anno etc. 1632, StadtAM, Spitäler und Anstalten 24; vgl. Brückl, S. 142 ff.

[48] Kammerrechnung 1632, fol. 158, StadtAM, Kämmerei 1/241

[49] Holzfurtner, S. 561; vgl. Hörger, S. 866 ff.

Kupferstich nach dem Votivbild der Münchner Schwedengeiseln, Lucas Kilian, 1635.

produkten zwischen Stadt und Land fand daher kaum noch statt, an eine wirtschaftliche Erholung der verarmten Hauptstadt war vorerst nicht zu denken.

»Die abschewliche Sucht der Pestilentz«

Hinzu kam gerade zu dieser Zeit weiteres Unglück: Um die Stadt vor einem befürchteten Angriff der Schweden zu schützen, wurden im Juli 1634 aus Weilheim und Tölz etwa 4000 Spanier nach München verlegt, die außer neuerlichen Belastungen durch Einquartierung und Verpflegung auch Krankheitskeime mit sich brachten. Während ihres kurzen Aufenthalts in München verstarben allein 150 der Soldaten. Bei der durch die Entbehrungen der letzten Zeit geschwächten Bevölkerung fanden die Erreger keinen nennenswerten Widerstand vor, so daß sich erneut die Pest in München ausbreitete, diesmal mit ungebremster Kraft. Eine Verordnung des Stadtrats zur Abwehr der »abschewliche[n] Sucht der Pestilentz«, die vor allem dazu aufrief, »daß Mänigklich und ein jeder insonderheit von Sünden abstehe, sich mit demütigem Hertzen und andächtigem Gebett zu Gott bekehre, sein Gewissen erforsche, die Sünd beicht und büsse«[50], ansonsten hygienische Verhältnisse herstellen und die Ansteckungsgefahr vermindern wollte, hatte der Ausbreitung der Seuche trotz der Androhung empfindlicher Strafen bei Zuwiderhandlung wenig entgegenzusetzen. Kurfürst Maximilian zog es deshalb vor, den Hof vorübergehend nach Braunau am Inn zu verlegen. Am 16. September 1634 wurde das Lazarett vor den Toren der Stadt an der Isar zur Aufnahme der Erkrankten eröffnet. Es erwies sich jedoch rasch als zu klein, so daß bereits im Oktober insgesamt vier weitere Pestlazarette eingerichtet werden mußten, in denen sich zeitweise über 60 Helfer um die Pestkranken kümmerten[51]. Um die dadurch auflaufenden Ausgaben überhaupt finanzieren zu können, mußte die Stadt wiederholt Haussammlungen durchführen. In der ersten Novemberhälfte 1634 erreichte die Seuche ihren Höhepunkt. Bis zu 250 Haushalte wurden in dieser Zeit pro Woche unter Quarantäne gestellt, um Ansteckungen durch die dort Erkrankten zu verhindern. Bis zum Frühjahr 1635 flauten die Pestfälle dann allmählich ab. Im April 1635 konnten die Lazarette wieder geschlossen werden. Im Herbst flackerte die Seuche jedoch noch einmal auf, so daß am 7. September die ersten vier Pestfälle in das wiedereröffnete Lazarett eingewiesen wurden. Diesmal hielt sich die Zahl der Erkrankungen je-

---

50 Pestordnung der Stadt München v. 30.10.1634, StadtAM, Gesundheitsamt 103

51 Kammerrechnung 1634, fol. 158, StadtAM, Kämmerei 1/243

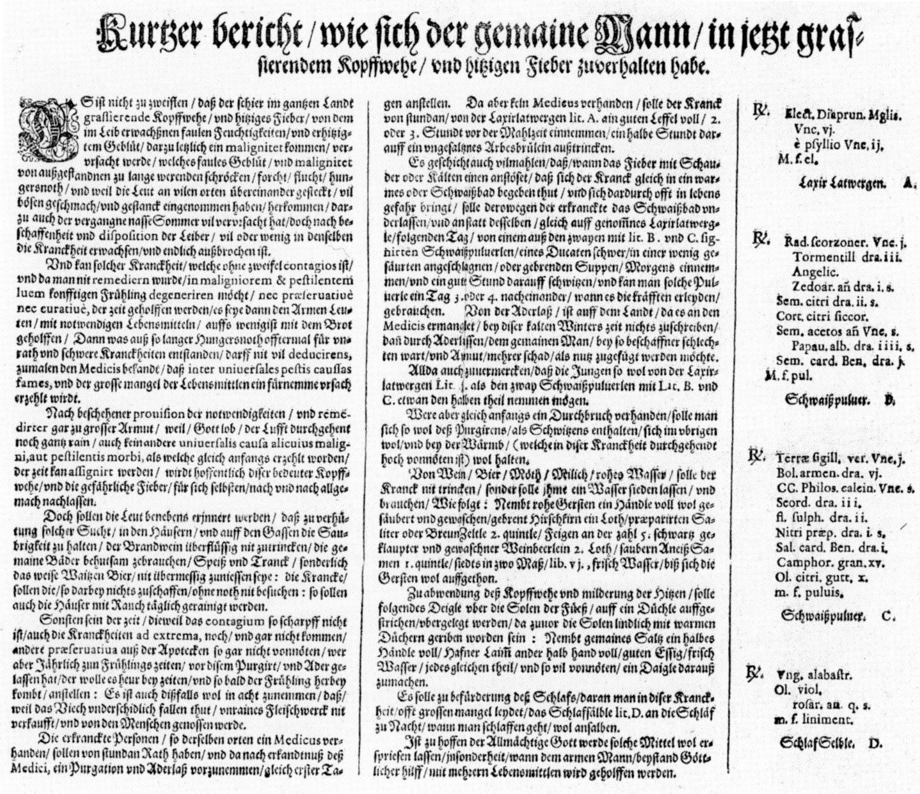
Kurtzer bericht / wie sich der gemaine Mann / in jetzt grassierendem Kopffwehe / vnd hitzigen Fieber zuverhalten habe.

DAs ist nicht zu zweiffen / daß der schier im gantzen Landt grassierende Kopffwehe / vnd hitziges Fieber / von dem im Leib erwachßnen faulen Feuchtigkeiten / vnd erhitzigtem Geblüt / darzu letzlich ein malignitet kommen / verursacht werde / welches faules Geblüt / vnd malignitet von außgestandnen zu lange werenden schröcken / forcht / flucht / hungersnoth / vnd weil die Leut an vilen orten übereinander gesteckt / vil bösen geschmach / vnd gestanck eingenommen haben / herkommen / darzu auch der vergangne nasse Sommer vil verursacht hat / doch nach beschaffenheit vnd disposition der Leiber / vil oder wenig in denselben die Kranckheit erwachsen / vnd endlich außbrochen ist.

Vnd kan solcher Kranckheit / welche ohne zweifel contagios ist / vnd da man nit remediern wurde / in maligniorem & pestilentem luem konfftigen Frühling degeneriren möcht / nec præseruatiuè nec curatiuè, der zeit geholffen werden / es seye dann den Armen Leuten / mit notwendigen Lebensmitteln / auffs wenigist mit dem Brot geholffen / Dann was auß so langer Hungersnoth offtermal für vnrath vnd schwere Kranckheiten entstanden / darff nit vil deducirens, zumalen den Medicis bekandt / daß inter uniuersales pestis caussas fames, vnd der grosse mangel der Lebensmittlen ein fürnemme vrsach erzehlt wirdt.

Nach beschehener prouision der notwendigkeiten / vnd remèdirter gar zu grosser Armut / weil / Gott lob / der Lufft durchgehent noch gantz rain / auch kein andere uniuersalis causa alicuius maligni, aut pestilentis morbi, als welche gleich anfangs erzehlt worden / der zeit kan assignirt werden / wirdt hoffentlich diser bedeuter Kopffwehe / vnd die gefährliche Fieber / für sich selbsten / nach vnd nach allgemach nachlassen.

Doch sollen die Leut benebens erjnnert werden / daß zu verhütung solcher Sucht / in den Häusern / vnd auff den Gassen die Saubrigkeit zu halten / der Brandwein überflüssig nit zutrincken / die gemaine Bäder behutsam zebrauchen / Speiß vnd Tranck / sonderlich das weise Waitzen Bier / nit übermessig zuniessen seye: die Krancke / sollen die / so darbey nichts zuschaffen / ohne noth nit besuchen: so sollen auch die Häuser mit Rauch täglich gerainigt werden.

Sonsten sein der zeit / dieweil das contagium so scharpff nicht ist / auch die Kranckheiten ad extrema, noch / vnd gar nicht kommen / andere præseruatiua auß der Apotecken so gar nicht vonnöten / wer aber Jährlich zun Frühlings zeiten / vor disem Purgirt / vnd Ader gelassen hat / der wolle es heur bey zeiten / vnd so bald der Frühling herbey kombt / anstellen: Es ist auch dißfalls wol in acht zunemmen / daß / weil das Viech vnderschidlich fallen thut / vnraines Fleischwerck nit verkaufft / vnd von den Menschen genossen werde.

Die erkranckte Personen / so derselben orten ein Medicus verhanden / sollen von stundan Rath haben / vnd da nach erkandtnuß deß Medici, ein Purgation vnd Aderlaß vorzunemmen / gleich erster Tagen anstellen. Da aber kein Medicus verhanden / solle der Kranck von stundan / von der Laxirlatwergen lit. A. ain guten Leffel voll / 2. oder 3. Stundt vor der Mahlzeit einnemmen / ein halbe Stundt darauff ein vngesaltznes Arbesbrülein außtrincken.

Es geschicht auch vilmahlen / daß / wann das Fieber mit Schauder oder Kälten einen anstöset / daß sich der Kranck gleich in ein warmes oder Schwaißbad begeben thut / vnd sich dardurch offt in lebens gefahr bringt / solle derowegen der erkranckte das Schwaißbad vnderlassen / vnd anstatt desselben / gleich auff genommnes Laxirlatwergle / folgenden Tag / von einem auß den zwayen mit lit. B. vnd C. signirten Schwaißpulverlen / eines Ducaten schwer / in einer wenig gesäurten angeschlagnen / oder gebrenden Suppen / Morgens einnemmen / vnd ein gute Stund darauff schwitzen / vnd kan man solche Pulverle ein Tag 3. oder 4. nacheinander / wann es die kräfften erleyden / gebrauchen. Von der Aderlaß / ist auff dem Landt / da es an den Medicis ermanglet / bey diser kalten Winters zeit nichts zuschreiben / dann durch Aderlassen / dem gemainen Man / bey so beschaffner schlechten wart / vnd Armut / mehrer schad / als nutz zugefügt werden möchte.

Allda auch zuuermercken / daß die Jungen so wol von der Laxirlatwergen Lit. A. als den zway Schwaißpulverlen mit Lit. B. vnd C. etwan den halben theil nemmen mögen.

Were aber gleich anfangs ein Durchbruch verhanden / solle man sich so wol deß Purgirens / als Schwitzens enthalten / sich im vbrigen wol / vnd bey der Wärmb / (welche in diser Kranckheit durchgehendt hoch vonnöten ist) wol halten.

Von Wein / Bier / Möth / Milich / rohes Wasser / solle der Kranck nit trincken / sonder solle jhme ein Wasser sieden lassen / vnd brauchen / Wie folgt: Nembt rohe Gersten ein Händle voll wol gesäubert vnd gewaschen / gebrent Hirschkirn ein Loth / præparirten Saliter oder Breunzeltle 2. quintle / Feigen an der zahl 5. schwartz geklaupter vnd gewaschner Weinbeerlein 2. Loth / saubern Aneiß Samen 1. quintle / siedts in zwo Maß / lib. vj., frisch Wasser / biß sich die Gersten wol auffgethon.

Zu abwendung deß Kopffwehe vnd milderung der Hitzen / solle folgendes Deigle vber die Solen der Füeß / auff ein Düchle auffgestrichen / vbergelegt werden / da zuuor die Solen lindlich mit warmen Düchern geriben worden sein: Nembt gemaines Saltz ein halbes Händle voll / Hafner Laim ander halb hand voll / guten Essig / frisch Wasser / jedes gleichen theil / vnd so vil vonnöten / ein Daigle darauß zumachen.

Es solle zu befürderung deß Schlafs / daran man in diser Kranckheit / offt grossen mangel leydet / das Schlaffsälble lit. D. an die Schläf zu Nacht / wann man schlaffen geht / wol ansalben.

Ist zu hoffen der Allmächtige Gott werde solche Mittel wol erspriesen lassen / insonderheit / wann dem armen Mann / beystand Göttlicher hilff / mit mehrern Lebensmittlen wird geholffen werden.

℞. Elect. Diaprun. Mglis. Vnc. vj.
è psyllio Vnc. ij.
M. f. el.
Laxir Latwergen. A.

℞. Rad. scorzoner. Vnc. j.
Tormentill dra. iii.
Angelic.
Zedoar. añ dra. i. s.
Sem. citri dra. ii. s.
Cort. citri siccor.
Sem. acetos añ Vnc. s.
Papau. alb. dra. iiii. s.
Sem. card. Ben. dra. j.
M. f. pul.
Schwaißpulver. B.

℞. Terræ sigill. ver. Vnc. j.
Bol. armen. dra. vj.
CC. Philos. calcin. Vnc. s.
Scord. dra. iii.
fl. sulph. dra. ii.
Nitri præp. dra. i. s.
Sal. card. Ben. dra. i.
Camphor. gran. xv.
Ol. citri. gutt. x.
m. f. puluis.
Schwaißpulver. C.

℞. Vng. alabastr.
Ol. viol.
rosar. an. q. s.
m. f. liniment.
Schlaf Selble. D.

Flugblatt über Abwehrmaßnahmen gegen die Pest, Mitte 17. Jh.

doch in Grenzen, so daß keine weiteren Krankenhäuser eingerichtet werden mußten. Bereits am 12. Januar 1636 konnte das Lazarettpersonal wieder entlassen werden[52].

Außer der finanziellen Belastung für die Stadtkasse bedeutete dieser Pestausbruch für die Münchner Bevölkerung einen ungeheuren Aderlaß, von dem sich die Stadt erst wieder gegen Ende des Jahrhunderts erholen sollte. Die städtischen Rechnungen verzeichnen für die Gesamtdauer der Epidemie in den Lazaretten und unter den Armen 1160 Tote. Die Zahl der in ihren Häusern verstorbenen und nicht auf städtische Kosten bestatteten Seuchenopfer dürfte ein Vielfaches davon betragen haben. Schätzungen gehen von etwa 7000 Pesttoten aus, bei einer Einwohnerzahl von etwa 23000 bedeutet dies, daß 1634 und 1635 fast jeder dritte Münchner der Pest zum Opfer fiel[53].

---

52 Rechnung. Was der Statt München abermaln über das Infectionwesen auffgeloffen. Vom 17. Februario Anno 1635 bis auf den 1. Martii Anno 1636, StadtAM, Gesundheitsamt 107

53 Rost, S. 26 f.; die in der Vergangenheit immer wieder genannte Zahl von 15000 Pesttoten, vgl. Sutner, S. 37 f., ist sicher zu hoch gegriffen.

Mit dem Abklingen der Pest und dem Abzug der Schweden aus Bayern erhielt München die Gelegenheit, sich in einer längeren Periode äußerer Ruhe von den Schrecken der letzten Jahre zu erholen. Am 3. April 1635 zog auch die kurfürstliche Garnison ab. München stand nun wieder unter dem zivilen Oberbefehl seiner Bürgermeister und war von den Einquartierungslasten befreit[54]. Der Friede war allerdings noch lange nicht in Sicht. Zwar hatten sich die meisten Reichsstände dem am 30. Mai 1635 in Prag abgeschlossenen Frieden zwischen Sachsen und dem Kaiser angeschlossen, kurz zuvor hatte sich aber Frankreich mit Schweden und den Niederlanden verbündet, um die Vormachtstellung des Hauses Habsburg in Europa zu beenden, und griff nun mit eigenen Truppen in den Krieg ein. Die letzte Phase des Dreißigjährigen Krieges, der »Französisch-Schwedische Krieg«, hatte begonnen.
Die Einnahme Münchens durch Gustav Adolf hatte deutlich werden lassen, daß die in den letzten Jahren nur nachlässig betriebenen Festungsbaumaßnahmen die Stadt einer feindlichen Heeresmacht fast wehrlos auslieferten. Da ein Ende des Krieges nicht abzusehen war, mußten größere Anstrengungen unternommen werden, um das Fortifikationswerk rasch zu vollenden. Kurfürst Maximilian, der infolge der Pest erst wieder im Mai 1635 in seine Hauptstadt zurückgekehrt war, war zum energischen Durchgreifen entschlossen. Am 16. Dezember 1637 erließ er deshalb zur Finanzierung des Festungsbaus ein Generalmandat, in dem er für das ganze Land eine allgemeine Sondersteuer ausschrieb, da München allein die Kosten für die Befestigung nicht tragen könne. Alle Rentämter mußten Arbeitskräfte und Fuhrwerke für die Schanzarbeiten bereitstellen, die aus der Staatskasse bezahlt werden sollten. Gleichzeitig wurde eine Schätzkommission gebildet, die alle im Baugelände und im Vorfeld gelegenen Baulichkeiten und Grundstücke für den Erwerb zu erfassen hatte[55]. Am 15. Februar 1638 wurde gegen den Widerstand der

---

54 Rock, S. 18

55 Schätz Register Aller umb die Statt München herumb, zum fortification gepeu, wegkh genombner Heuser, Gärtten und grundstukh, StadtAM, Bauamt-Hochbau 51; vgl. Überschlag und Schätzung Aller umd die Statt München herumb gelegener, und Gemainer Statt aigenthomblicher Heuser... 1639, StadtAM, Städtischer Grundbesitz 5

Münchner Bürgerschaft die Schleifung aller störenden Gebäude und Anpflanzungen ohne Ausnahme befohlen. Weiter entfernt liegende Häuser mußten bis auf ein Stockwerk abgetragen werden. Der Stadtmagistrat wurde angehalten, die Schanzarbeiten besser zu beaufsichtigen und die Schanzarbeiter zu stärkerem Fleiß anzuhalten. Als sich dennoch die Arbeitsmoral am Festungswerk nicht verbesserte, verärgerte »der mit denen schanzen und abprechunge der gemauerten heusern vor der statt gebrauchte unfleis« den Kurfürsten derart, daß er im September 1638 alle Münchner Ratsmitglieder mit einer Buße von 10 Reichstalern belegte[56]. Allerdings erließ er ihnen die Strafe bereits nach zwei Monaten wieder, da er glaubte, durch diese Demonstration seines Unwillens schon genug erreicht zu haben.
Tatsächlich gingen nun die Befestigungsarbeiten entschlossener voran. Bis zum Ende des Krieges arbeiteten jährlich meist etwa 20 000 Menschen an den Wällen, auf dem Höhepunkt im Jahre 1639 waren es insgesamt 30 000 auswärtige und 10 000 Münchner Schanzarbeiter. Allerdings wurde in diesem dritten Bauabschnitt zwischen Kosttor und Sendlinger Tor die Anlage nur in einer vereinfachten Form ausgeführt. Im Jahr 1640 dürfte der Wall um die Stadt geschlossen gewesen sein, denn in diesem Jahr ließ der Kurfürst eine Gedenkmünze auf die Neubefestigung Münchens im Wert von fünf Dukaten prägen. Auf ihrer Rückseite ist die Stadt im Schutz der Umwallung mit der Umschrift abgebildet: NISI DOMINVS CVSTODIERIT CIVITATEM

Gedenkmünze Kurfürst Maximilians I. zur Vollendung der Münchner Festungsanlagen, Vorder- und Rückseite, 1640.

[56] Ratssitzungsprotokoll v. 10.9.1638, fol. 36 v., StadtAM, RP 253/2

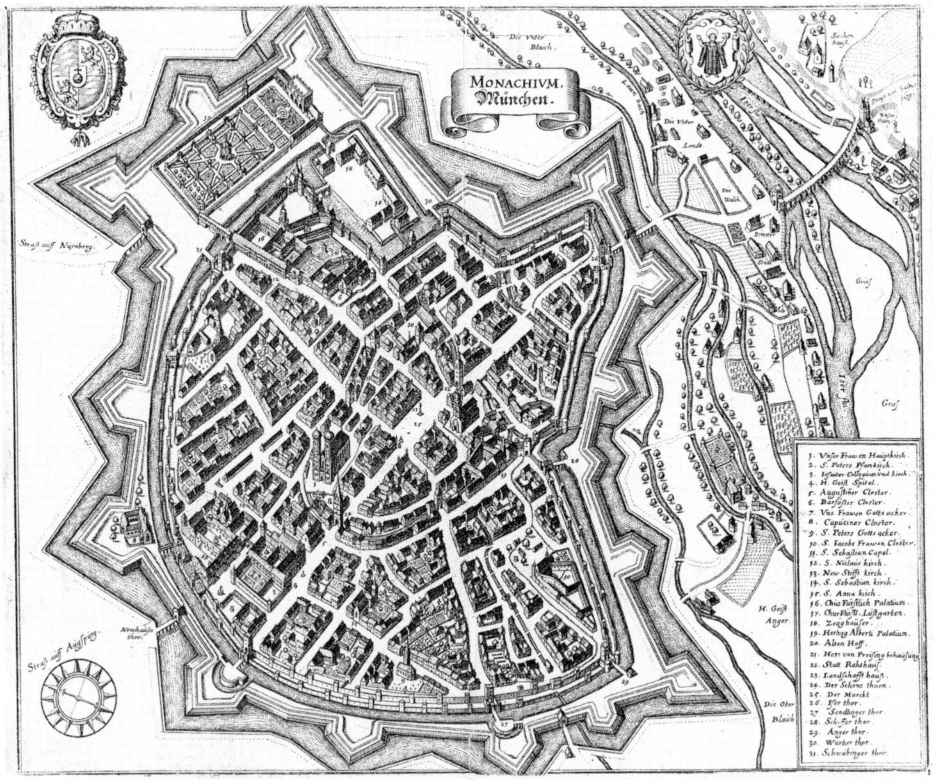

Plan der Stadt München mit den Festungsanlagen, Kupferstich, Matthäus Merian, 1644.

FRVSTRA VIGILAT QVI CVSTODIT (Wenn der Herr nicht wacht über die Stadt, ist alle Wachsamkeit vergebens). Noch bis 1646 wurden Enteignungen von Gebäuden und Grundstücken für den Festungsbau vorgenommen, in dieser Zeit ging jedoch der Ausbau der Wallanlagen allmählich in Erhaltungs- und Reparaturarbeiten über. Insgesamt wurden zwischen 1638 und 1645 Häuser und Grundstücke im Wert von 145 669 fl. für das Festungswerk erworben. Die Gesamtkosten des Unternehmens wurden auf zwei Millionen Gulden geschätzt[57]. Anders als die mittelalterliche Stadtmauer, die dem Befehl und der Rechtsprechung der Stadtgemeinde unterstand, verblieb die Wallanlage als landesherrliche Festung ganz im kurfürstlichen Zuständigkeitsbereich. München hatte damit ein dem Stand der Waffentechnik angemessenes modernes Befestigungssystem erhalten, das einem etwaigen feindlichen Angriff durchaus standzuhalten versprach. Die kurfürstliche Haupt- und Residenzstadt war ein sicherer Ort geworden.

[57] Sutner, S. 51

Der Markt zu München, der heutige Marienplatz, Nordseite (heute Neues Rathaus), Öl auf Leinwand, 1634.

Ein gottgefälliges Werk

Vorerst blieb Bayern jedoch von den weiteren Kriegsereignissen noch verschont, so daß Kurfürst Maximilian auch an die Verwirklichung friedlicherer Pläne denken konnte. Bereits 1632, als die Schweden Bayern zum großen Teil überrannt hatten, hatte er gelobt, »ein gottgefälliges Werk anzustellen, wenn die hiesige Hauptstadt und auch die Stadt Landshut vor des Feinds endlichem Ruin und Zerstörung erhalten würde«[58]. Im September 1635 entschied er sich, nach dessen eigener Aussage auf Anregung des Hofkammerpräsidenten Johannes Mandl von Deutenhofen, in Erfüllung dieses Gelübdes zu Ehren Gottes und Mariens alljährlich eine Dankprozession abhalten zu lassen und ein Denkmal zu errichten. Erst zwei Jahre später wurden konkrete Schritte zur Verwirklichung dieses Planes unternommen. Am 12. Dezember 1637 teilte der Kurfürst mit, daß er schon zwei Tage darauf auf dem Markt, dem heutigen Marienplatz, den Grundstein für eine Säule mit einem Marienstandbild legen werde[59]. Der Stadtrat, der zu dieser Entscheidung nicht herangezogen worden war, mußte dies unwidersprochen hinnehmen, obwohl die Stadt seit 1315 das Privileg Ludwigs des Bayern besaß, alleine über die Bebauung des Platzes bestimmen zu dürfen. Auf dem zentralen Platz der Bürgergemeinde München war künftig der Landesherr mit einer persönlichen Votivgabe präsent.
Bereits am 7. November 1638, am Vorabend des Jahrestages der Schlacht am Weißen Berg, erfolgte schließlich in feierlicher Zeremonie die Weihe des Denkmals durch den Freisinger Fürstbischof Veit Adam von Gepeckh. Als Symbol des durch den Krieg wiedererstarkten katholischen Glaubens und als Ausdruck seiner eigenen tiefen Marienverehrung hatte Kurfürst Maximilian I. eine rote Marmorsäule errichten lassen, auf der eine wohl um 1593 von dem Bildhauer Hubert Gerhard für das Stiftergrab Herzog Wilhelms V. in der Michaelskirche geschaffene Muttergottesstatue aus Bronze angebracht war. Auf dem Sockel der Säule wurden 1641 vier bronzene Heldenputti aufgestellt, die den Sieg Mariens über Hunger (Drache), Krieg (Löwe), Pest (Basilisk) und Ketzerei (Schlange), für Katholiken die großen Plagen der Zeit, veranschaulichten. Sie stellten eine Umsetzung von Psalm 90, Vers 13 dar: »Super aspidem et basiliscum ambu-

[58] Um Glauben und Reich, S. 457
[59] Mandat Kurfürst Maximilians I. v. 12.12.1637, StadtAM, BuR 493/1

labis et leonem et draconem concalcabis« (Über die Schlange und den Basilisken wirst du schreiten, und den Löwen und den Drachen wirst du zertreten). Erstmals hielt mit diesen Putti die Formensprache des Barock Einzug in München. Gleichzeitig mit diesen Skulpturen wurde die Säule mit einem Marmorgeländer umgeben, das vier Bronzelaternen trug. Durch einen Erlaß vom 10. Mai 1641 wollte der Kurfürst sicherstellen, daß die Mariensäule »in gebierender veneration, und respect erhalten, Insonderheit alle unsauberkheiten und verunehrungen verhietet und abgestelt werden«[60]. Bis zum Jahr 1773 zog von nun an alljährlich am Sonntag nach Allerheiligen die von Maximilian zusammen mit dem Standbild gestiftete Dankprozession von St. Peter in die Liebfrauenkirche an der Mariensäule vorbei.

Aus einem Monument der persönlichen Frömmigkeit des Kurfürsten war durch die Hinzufügung der Heldenputti zugleich ein Denkmal des Triumphes des katholischen Glaubens über die Übel der damaligen Zeit geworden. Maximilian ging aber noch einen Schritt weiter: Dadurch, daß er sowohl den Tag der Denkmalsweihe als auch das Datum für die alljährliche Dankprozession auf den Jahrestag der Schlacht am Weißen Berg orientierte, machte er die Mariensäule auch zu einem unübersehbaren Symbol für den bisher größten Triumph bayerischer Waffen über die protestantischen Feinde.

Predella des Verkündigungs-Altares im Liebfrauendom mit einer der ältesten Darstellungen der Mariensäule, Öl auf Leinwand, Joachim von Sandrart, 1646.

[60] Mandat Kurfürst Maximilians I. v. 10.5.1641, StadtAM, BuR 493/1

Weihe der Mariensäule am 7. November 1638, Feder, laviert, auf Papier, 1638.

Putto von der Mariensäule im Kampf mit dem Drachen (Hunger), Bronzeguß, 1639/41.

Putto von der Mariensäule im Kampf mit der Schlange (Ketzerei), Bronzeguß, 1639/41.

Putto von der Mariensäule im Kampf mit dem Basilisken (Pest), Bronzeguß, 1639/41.

Putto von der Mariensäule im Kampf mit dem Löwen (Krieg), Bronzeguß, 1639/41.

Die letzten Heimsuchungen

Trotz aller barocken Triumphsymbolik waren jedoch die Feindseligkeiten des Dreißigjährigen Krieges noch lange nicht vorüber, auch wenn die Kriegsparteien seit 1644 im katholischen Münster und im protestantischen Osnabrück über einen Frieden verhandelten. Im Herbst 1646 stießen schwedische Truppen unter Feldmarschall Carl Gustav von Wrangel zusammen mit französischen Einheiten unter Marschall Henri de Turenne erneut über die Donau bis nach Bayern vor, um dem ohnehin friedensbereiten Kurfürsten jeden Widerstandswillen zu nehmen. Die Ereignisse von 1632 schienen sich zu wiederholen: Maximilian I. mußte am 7. September erneut München verlassen und den Hof nach Wasserburg verlegen. Er ließ für seine Haupt- und Residenzstadt 3453 Mann Bedeckung unter dem Kommando des Obristen Friedrich von Schlez zurück und schärfte dem Stadtkommandanten ein, »diesen viel importirenden Plaz Mänlich und nach bester möglichkheit [zu] Defendirn, und sich zu keinen unzeitigen Accord nit bewegen [zu] lassen«[61]. Erneut flohen auch die Adligen und die vermögenden Bürger aus der Stadt. Im Gegenzug suchte die Landbevölkerung zu Tausenden Schutz hinter den Münchner Festungswällen, »welche mit Wägen, und ihrem geflüchteten Plunder die Stadt so angefüllet haben, daß man kaum einen Durchgang mehr fand«[62]. Vor den Toren der überfüllten Stadt, die auch aus Angst vor Unordnung und neuen Seuchenausbrüchen mit der Aufnahme der Flüchtlinge zögerte, spielten sich unbeschreibliche Szenen ab, wie sie Abt Maurus Friesenegger von Andechs überliefert: »Die einigen wurden mit Schlägen von den Toren getrieben, und die andern, was noch schändlicher war, mußten ihren Eintritt mit Geld erkaufen. Viele Familien mußten bei sehr kaltem Wind, und Regen, unter freiem Himmel mit ihren Kindern auf ihren Wägen, und Karren zubringen, wobei viele Kleine halb, und ganz erstarrten, und andere gar vom Viehe, und Pferden zertreten wurden. Das Geplärr des Rind-Viehes, das Wiehern der Pferde, das Weinen der Kinder, das Heulen der Mütter machten ein fürchterliches Spektakel«[63]. Es durfte aber nur Schutzsuchenden aus der näheren Umgebung der Stadt

[61] Instruktion für den Stadtkommandanten v. 7.9.1646, StadtAM, Stadtverteidigung 266

[62] Friesenegger, S. 140

[63] Friesenegger, S. 141

Einlaß gewährt werden, wenn sie mit ausreichend Proviant für sechs Monate versehen waren, auch wenn immer wieder gegen dieses Gebot verstoßen wurde[64].
Die feindlichen Truppen standen bald an der Isar, erneut eine Spur der Verwüstung hinter sich lassend, obwohl sich die Bevölkerungsverluste, offenbar durch rechtzeitige Fluchtmaßnahmen, in Grenzen hielten[65]. München war diesmal zur Verteidigung entschlossen. Ledige Handwerksburschen und junge Männer durften die Stadt nicht verlassen und mußten sich für den Bedarfsfall bereithalten. Selbst Schüler und Studenten wurden zur Mithilfe aufgerufen, so meldeten sich vom Jesuitengymnasium etwa 200 Freiwillige zu den Waffen[66]. Die Stadt kam jedoch diesmal mit dem Schrecken davon. Offenbar verhinderten die Festungswerke einen Angriff. Vielleicht wollten auch die Franzosen dem bayerischen Kurfürsten eine zu große Nie-

Der Überfall bei Dachau am 5. Oktober 1648, Öl auf Leinwand, Pieter Snayers, nach 1648.

64 Mandat Kurfürst Maximilians I. v. 3.9.1646 in: Ratssitzungsprotokoll v. 5.9.1646, fol. 124 und Mandat Kurfürst Maximilians I. v. 18.9.1646 in: Ratssitzungsprotokoll v. 19.9.1646, fol. 131 v., StadtAM, RP 46

65 Holzfurtner, S. 573 f., vgl. Deutinger, S. 732 f.

66 Bauer, S. 24

derlage ersparen, denn Turenne weigerte sich, weiter über die Isar vorzustoßen, um ganz Bayern zu besetzen. Das kaiserlich-bayerische Heer trieb die Feinde zwar wieder in den Westen zurück, konnte aber nicht verhindern, daß Bayern weiterhin schwedisch-französischen Plünderungszügen ausgesetzt blieb. Die Truppen des Kaisers standen aber auch diesmal dem Feind in nichts nach und verwüsteten das Land zum Teil noch ärger als die Schweden: »Sie raubten, plünderten, und marterten ohne zu denken, daß sie Menschen sind, und mit Menschen umgehen. Ohne Unterschied des Alters, und des Geschlechtes banden sie die Menschen, entblößeten sie ganz, und schändeten die einen zu Tode, und die andern jagten sie bei sehr kalter Herbstzeit ganz nackend von sich. Solche Bestien machet der anhaltende Krieg aus den Menschen«[67].

Um seinem Land eine dringend notwendige Erholungsphase zu verschaffen, schloß Kurfürst Maximilian mit Schweden und Frankreich am 14. März 1647 in Ulm einen Waffenstillstand und erreichte damit, daß auch die letzten noch feindlich besetzten Orte seines Landes geräumt wurden. Im September kündigte der Kurfürst, verbittert über die schwedische Haltung bei den Friedensverhandlungen, den Waffenstillstand aber wieder auf, so daß sich Bayern im Mai 1648 erneut einem schwedisch-französischen Vormarsch ausgesetzt sah. Der Feind stieß diesmal bis an den Inn vor. Da Bayern die von Wrangel für das ganze Land geforderte Brandschatzungssumme von zwei Millionen Reichstalern nicht aufbringen konnte, wurden die besetzten Landesteile erneut monatelang verheert. Auch diesmal hatte die Landeshauptstadt die fliehende Landbevölkerung »uneinstöllig«[68] aufgenommen und sich auf einen Angriff vorbereitet. Aber München hatte wieder Glück, aufgrund der Befestigungswerke blieb es vom Feind verschont, während etwa das nahe Erding ein Opfer der Flammen wurde. Erst Ende September gingen die kaiserlich-bayerischen Truppen unter Ottavio Piccolomini zum Gegenangriff über und erreichten den raschen Rückzug der Feinde in die Dachauer Gegend.

Am 5. Oktober veranstaltete Wrangel, geschützt von 800 Dragonern und 600 Lanzenreitern, im Dachauer Moos bei Allach eine Hirschjagd, ohne zu ahnen, daß die Bayern und die Kaiserlichen die Isar bereits überschritten hatten. Der kaiserliche Reitergeneral Johann von Werth und der bayerische Feldmarschall Adrian von Enckevort nutzten die Gelegenheit zu einem Angriff mit ihrer Reiterei und überraschten die schwedische Kavallerie so sehr, daß sie die Flucht ergriff. Etwa 200 Schweden fielen bei diesem Gefecht und 150 gerie-

---

[67] Friesenegger, S. 145

[68] Ratssitzungsprotokoll v. 3.6.1648, fol 57, StadtAM, RP 263

ten in Gefangenschaft. Die Bayern erbeuteten zudem über 1000 Pferde. Die schwedisch-französischen Truppen zündeten aus Rache in der Umgebung etwa 50 Dörfer an, zogen sich in der Folge aber weiter nach Westen zurück und verließen am 10. Oktober endgültig bayerisches Gebiet.
Die Reiterschlacht bei Allach war das letzte größere Gefecht des Dreißigjährigen Krieges. Nach vierjährigen Verhandlungen wurde am 24. Oktober 1648 zugleich im katholischen Münster und im evangelischen Osnabrück der Westfälische Friede unterzeichnet, der dem völlig erschöpften Reich endlich die langersehnte Ruhe brachte und die Zeit der bewaffneten konfessionellen Auseinandersetzungen auf deutschem Boden endgültig beendete. Am 17. November konnte Kurfürst Maximilian wieder in seine Haupt- und Residenzstadt zurückkehren, die Garnison auflösen und München dem zivilen Oberbefehl der Bürgermeister unterstellen. Am 21. November wurde der Westfälische Friede mit einem dreifachen Salut aller Geschütze der Münchner Festungsanlagen gefeiert[69]. Im folgenden Jahr stiftete der Kurfürst »zur Danksagung für den glücklich überstandenen Schwedenkrieg, für die Erhaltung der wahren Religion und für die Rettung der Stadt München vor feindlichem Ueberfalle, Mord und Plünderung« täglich eine Messe und alljährlich am St. Raphaelstag, dem Tag des Friedensschlusses von Münster und Osnabrück, ein Hochamt am Verkündigungsaltar der Liebfrauenkirche[70].

[69] Theatrum Europaeum, S. 504
[70] Mayer, S. 148

Die Folgen des Krieges

Bayern war als einziges deutsches Land aus dem Dreißigjährigen Krieg mit Gewinn herausgekommen. Die Oberpfalz war als bayerischer Besitz bestätigt worden, und die pfälzische Kurwürde verblieb auf Dauer beim bayerischen Herrscherhaus. Maximilian I. war damit nach dem Kaiser zum vornehmsten weltlichen Reichsfürsten geworden. Bayern war in den Rang einer europäischen Mittelmacht aufgestiegen. Während das Land das Engagement seines Herrschers für die katholische Sache und den Kaiser als jahrelanger Kriegsschauplatz mit unendlichem Leid und Elend hatte bezahlen müssen, war die Haupt- und Residenzstadt München, anders als selbst die nächste Umgebung, dank der landesherrlichen Festungswerke vom eigentlichen Kriegsgeschehen großenteils verschont geblieben.

Dennoch waren die Auswirkungen des dreißigjährigen Ringens auf die Stadt nachhaltig. Das betraf zunächst ihr Verhältnis zum Kurfürsten: Militärische Erfordernisse bewirkten zwangsläufig ein verstärktes Eingreifen des obersten Kriegsherrn in städtische Belange. Die Probleme und Nöte, die der Krieg und seine Begleiterscheinungen hervorriefen, zwangen zudem den städtischen Magistrat immer wieder, den Landesherrn um Unterstützung zu bitten, da die Stadt auf sich allein gestellt zur Abhilfe nicht in der Lage war. Auch dadurch wurde die staatliche Obrigkeit für die bürgerliche Stadt zunehmend spürbar. Der Kurfürst begnügte sich oft nicht mit Abhilfemaßnahmen, sondern versuchte zugleich, durch weitergehende Regelungen künftigen Mißständen vorzubeugen[71]. Am Ende des Krieges war daher der landesfürstliche Einfluß auf die Angelegenheiten der Haupt- und Residenzstadt deutlich gewachsen. Der Dreißigjährige Krieg hatte den staatlichen Absolutismus ein gutes Stück vorangebracht.

Aber nicht nur in der Politik, auch im sozialen Bereich waren die negativen Kriegsfolgen nicht zu übersehen: Zwischen 1619 und 1651 war die Zahl der bürgerlichen Haushalte von 4071 auf 2577 gesunken, das war ein Rückgang um 36,7 Prozent. Die Einwohnerzahl ging von wohl über 23000 auf etwa 18000 zurück. Die Verluste wären sicher noch weitaus höher gewesen, wenn sie nicht durch Zuwanderung ausgeglichen worden wären. Wohl mehr als 7000 Personen hatten während dieser Jahre ein besseres Auskommen in

[71] Extract. Aus dem Churfürstlichen Decret, So an die Statt München ergannngen v. 12.9.1642, StadtAM, Gesundheitsamt 130

Bildnisbüste Kurfürst Maximilians I., Lindenholz, gefaßt, mit Glasaugen, um 1640/50.

der Hauptstadt gesucht, von denen viele aus den vom Krieg heimgesuchten Landesteilen Bayerns gekommen waren[72].
Mit den Einwohnerzahlen sanken auch die Steuereinnahmen der Stadt, der ohnehin durch den Krieg zusätzliche Kosten in einer Gesamthöhe von 281797 fl. entstanden waren[73]. Hinzu kam, daß durch die finanziellen Belastungen mit außerordentlichen Steuern, Kontributionsgeldern und Einquartierungen auch die Vermögen der Bürger zusammengeschmolzen waren und die Zahl der Armen zugenommen hatte.
Die Bevölkerungsverluste und die finanziellen Belastungen sowie der Rückgang der Kaufkraft sorgten zudem für einen drastischen wirtschaftlichen Niedergang. Zwischen 1618 und 1649 sanken die Zahlen der Gewerbetreibenden von 1780 in 132 verschiedenen Gewerbszweigen auf 1111 in 117 verschiedenen Berufen, das war ein Verlust von 37,5 Prozent[74]. Am geringsten war der Rückgang bei den Nahrungsmittelgewerben, weil sie für die Befriedigung des Grundbedarfs unverzichtbar waren. Ihr Anteil an den Handwerksbetrieben war seit 1618 von 20,3 auf 27,3 Prozent gestiegen, sie bildeten damit die größte Gewerbegruppe in der Stadt. Die Zahl der Bäcker war lediglich von 70 auf 65 gesunken, die der Metzger von 56 auf 48, und die der Bierbrauer von 69 auf 63. Die Zahl der Müller war von 15 auf 13 zurückgegangen. Auch der Handel, der für die Versorgung mit Lebensmitteln und dem sonstigen täglichen Bedarf ebenso notwendig war, war vergleichsweise glimpflich davongekommen. Die Zahl der Handelsleute, der Tuch-, Eisen- und Buchhändler sowie der Viktualienhändler war lediglich von 176 auf 156 gesunken. Die Verluste innerhalb dieser Berufsgruppen wären sicher höher gewesen, wenn sie nicht durch eine verstärkte Zuwanderung ausgeglichen worden wären. Hierfür war auch eine gezielte Einbürgerungspolitik im Interesse der Versorgung der Stadt mitverantwortlich. Bereits am 26. Mai 1640 hatte der Kurfürst die Stadt angewiesen, Gewerbetreibende, durch welche die »commercia in: und ausser Landts befürdert und Gelt oder anders hergegen hereingebracht würdet, als da sind die fürnemers Handlsleith, Loder, Geschlachtgwandter, Weber, Handtschuechmacher und dergleichen« bevorzugt aufzunehmen, Berufsgruppen, die allein die Stadt und die nähere Umgebung versorgten, nicht weiter zu verstärken, und »Wirth, Zäpfler, Metschenkhen, Köch, Kiechlbäcker, Khäß- und Khornkheuffl, Melber, Salzstessl, auch ander schlechte Huckher und Cramer, welche nur Theurung verursachen«, in ihrer Zahl zu beschränken[75].

---

[72] Roeck, S. 439 f.; vgl. Hoffmann, S. 145 ff.
[73] Sutner, S. 56
[74] Sutner, S. 66 ff.
[75] Zit. nach: Heydenreuter, Magistrat, S. 203

Trotz aller Förderung einer Neueinbürgerung waren gerade im Bereich des Textilgewerbes die Rückgänge am größten. Die Zahl der Textilhandwerker sank von 473 auf 238, das waren Einbußen von 49,7 Prozent. Ihr Gesamtanteil am Münchner Handwerk ging von 33 Prozent auf 25,8 Prozent zurück. Die Leinen- und Wollweber und die Loder hatten vor dem Krieg die blühendsten Gewerbezweige in der Stadt gebildet. Durch den Kaufkraftverlust und den Rückgang der Schafzucht infolge der Kriegsereignisse wurden sie jedoch so nachhaltig geschwächt, daß 1649 nur noch 82 der 161 Weber des Jahres 1618, 46 der ehemals 116 Loder und 10 der einst 32 Tuchmacher ein Auskommen fanden.
Auch alle übrigen Wirtschaftszweige hatten unter den Kriegseinwirkungen Verluste erlitten, wobei deren Höhe davon abhängig war, welche Bedeutung die Gewerbe für die Deckung des täglichen Bedarfs hatten. Vor allem bei den Gewerben des gehobenen Bedarfs, wie den Bortenmachern, deren Anzahl von 18 auf sieben zurückging, und den Hutmachern, die von 23 auf neun sanken, war ein Rückgang von teilweise mehr als 50 Prozent festzustellen. Berufe wie Briefmaler, Knopfmacher oder Samtmacher waren sogar ganz aus der Stadt verschwunden.
Allerdings müssen diese Zahlen etwas relativiert werden: München profitierte nach wie vor von der Anwesenheit des Hofes und war von den Verwüstungen des Umlandes verschont geblieben, so daß der wirtschaftliche Niedergang nicht so gravierend war wie bei den anderen Städten und Märkten des Kurfürstentums[76]. Der Landesherr war nach dem Krieg zudem bestrebt, durch die Erleichterung der Niederlassung von Gewerbetreibenden und Handelsleuten, soweit ihre Existenz finanziell abgesichert war und sie der Stadt nicht auf der Tasche zu liegen drohten, und durch gezielte Förderungsmaßnahmen den raschen Wiederaufstieg des Münchner Gewerbelebens zu gewährleisten. Dennoch sollte es noch bis in das kommende Jahrhundert hinein dauern, bis sich die Stadt von den Folgen des Dreißigjährigen Krieges vollständig erholt hatte.

[76] Vgl. Heydenreuter, Hofrat, S. 252

Auf Spurensuche im heutigen München

Die 350 Jahre, die seit dem Ende des Dreißigjährigen Krieges verstrichen sind, haben nicht nur die unmittelbaren Kriegswunden Münchens geheilt, sie haben auch die meisten Spuren getilgt, die diese Schreckenszeit hinterlassen hatte. Dennoch findet man beim genaueren Hinschauen auch im München von heute noch einige Überreste, die an die Jahre von 1618 bis 1648 und ihre Auswirkungen auf die Stadt erinnern. Die Suche lohnt sich:
Das ehemalige Stadtzeughaus am Sankt-Jakobs-Platz, heute ein Teil des Münchner Stadtmuseums, stammt zwar bereits aus dem Ende des 15. Jahrhunderts, aber es hatte gerade in Zeiten wie dem Dreißigjährigen Krieg für die Stadt eine besondere Bedeutung. Bereits im Vorfeld des Krieges wurden hier systematisch Waffen eingelagert, um für die erwarteten Auseinandersetzungen gerüstet zu sein. Ein Teil dieser Bestände fiel 1632 den Schweden zur Beute. Sobald die Neuaufstellung der Zeughausbestände des Stadtmuseums abgeschlossen sein wird, lassen sich dort wieder Geschütze, Helme, Harnische und Waffen aus dem frühen 17. Jahrhundert bewundern, mit denen die Bürgerwehr München gegen seine Feinde verteidigen wollte, die aber nie zu einem Kampfeinsatz gelangten. Der im Stadtmuseum im Original aufbewahrte »Schweden-Gedenkstein« aus dem Perlacher Forst hat dagegen nichts mit dem Dreißigjährigen Krieg zu tun. Es handelt sich möglicherweise um eine ehemalige Orientierungssäule aus der Zeit um 1500.

Ehemaliges städtisches Zeughaus (heute Stadtmuseum) am Sankt-Jakobs-Platz. (Foto: Mark Schütze)

Die zwischen 1619 und 1640 errichteten Befestigungsanlagen wurden seit 1791 systematisch geschleift, weil sie das Wachstum Münchens behinderten. Der Altstadtring verläuft heute zu seinem größten Teil auf ihrem Areal. Nur an drei Stellen im Stadtgebiet sind noch Spuren dieser Anlagen zu entdecken. Die auffälligsten Überreste befinden sich im Finanzgarten hinter dem Prinz-Carl-Palais. Die dortigen Erdaufschüttungen der ehemaligen sogenannten »Gartenba-

stion«, die zu den den Hofgarten umgebenden Festungsteilen gehörte, sind die einzigen noch heute sichtbaren Zeugnisse der Münchner Wallanlagen.
Die Seitzstraße im Lehel verläuft hinter dem Kloster St. Anna mit einem leichten Knick. Dieser Straßenverlauf folgt bis in die Gegenwart dem Gedeckten Weg am Rand des zugeschütteten Wassergrabens vor dem früheren »Köglmühl-Bollwerk«. Die Häuserzeile zum Altstadtring hin steht bereits auf dem Gelände des Festungsgrabens.
Noch auffallender ist der Verlauf der Kanalstraße beim Isartor, die gegenüber der Einmündung der Mannhardtstraße einen spitzen Winkel bildet. Auch hier ist der Straßenverlauf nur durch eine Festungsbastion und den davorliegenden ehemaligen Wassergraben zu erklären, an dessen Rand sich die Straße als Gedeckter Weg entlangzog. Der Graben zeichnete hier die Spitze der »Lueg-ins-Land-Bastion (Katz)« nach. Diese Bastion war der am weitesten nach Westen vorragende Teil der Festungsanlagen.
Der für die bayerischen Truppen bedeutendste Erfolg während des gesamten Dreißigjährigen Krieges war der Sieg über die böhmisch-pfälzischen Streitkräfte in der Schlacht am Weißen Berg bei Prag von 1620. An diesen Sieg erinnert heute die ehemalige Karmelitenkirche Unsere liebe Frau vom Berg Karmel und St. Nikolaus an der Ecke der Pacellistraße und der Karmelitenstraße beim Promenadeplatz. Der Kirchenbau entstand zwar erst zwischen 1657 und 1660, geht aber auf ein Gelübde Maximilians I. zurück, das er

Erdaufschüttungen der ehemaligen sogenannten »Gartenbastion« im Finanzgarten. (Foto: Mark Schütze)

Geknickter Verlauf der Seitzstraße im Lehel beim früheren »Köglmühl-Bollwerk«. (Foto: Mark Schütze)

Spitzwinkliger Verlauf der Kanalstraße gegenüber der Einmündung der Mannhardtstraße vor der früheren »Lueg-ins-Land-Bastion«. (Foto: Mark Schütze)

Eingangsfront der ehemaligen Karmelitenkirche zum Promenadeplatz. (Foto: Mark Schütze)

Karmelitenklosterkirche St. Theresia am Dom-Pedro-Platz. (Foto: Mark Schütze)

nach dem Prager Sieg 1620 abgelegt hatte. Die Klosterstiftung erfolgte 1631, die Verwirklichung der Klosterbauten konnte aber erst nach dem Dreißigjährigen Krieg ab 1654 in Angriff genommen werden. Das Kloster wurde 1955 für Ordinariatsbauten bis auf die Kirche vollständig abgerissen.

Zum früheren Besitz des Karmelitenklosters gehörten 13 Ölgemälde aus dem späten 17. Jahrhundert mit Darstellungen der Ereignisse, die zur Stiftung und zum Bau des Klosters geführt hatten. Darunter befindet sich auch eine Schilderung der Schlacht am Weißen Berg. Diese Gemälde sind heute als Leihgabe der Bayerischen Staatsgemäldesammlungen in der St.-Theresia-Kirche des Karmelitenklosters am Dom-Pedro-Platz aufgehängt.

Auch im Liebfrauendom sind Zeugnisse aus dem Dreißigjährigen Krieg aufzuspüren. Nach der Rückkehr Herzog Maximilians I. von der Schlacht am Weißen Berg brachte er am 25. November 1620 in der Kirche seinen Dank für den errungenen Sieg dar. In der Rupertuskapelle hängt noch heute die Widmungsinschrift des Herzogs für den ehemaligen Hochaltar, den er in dankbarer Erinnerung an die Rückkehr aus Böhmen der Muttergottes widmete. Der von Peter Candid geschaffene Altar war zu diesem Zeitpunkt allerdings fast fertiggestellt, so daß er wohl erst nachträglich mit dem Böhmisch-Pfälzischen Krieg in Verbindung gebracht wurde. Am Altar der Maria-Verkündigungs-Kapelle stiftete Maximilian I. 1649 zum Dank für den überstandenen Krieg eine tägliche Messe und ein jährliches Hochamt am Tag des Friedensschlusses von Münster und Osnabrück[77].

[77] Der von Joachim von Sandrart geschaffene Verkündigungs-Altar selbst steht sicherlich auch in einem engen Zusammenhang mit dem Krieg, denn ein Verwandter des Auftraggebers Johannes Mandl von Deutenhofen, Anton Mandl von Deutenhofen, ein Kanonikus am Liebfrauenstift, gehörte zu den 42 Schwedengeiseln.

Die Residenz Maximilians I. stammt noch aus der Zeit vor dem Dreißigjährigen Krieg. Mit ihren Trakten an der Residenzstraße, um den Kaiserhof und um den Apothekenhof wurde sie bereits in den Jahren zwischen 1612 und 1616 fertiggestellt. Sie beherbergte 1632 den schwedischen König Gustav Adolf und erregte wegen ihrer Größe und Pracht dessen uneingeschränkte Bewunderung, mußte aber auch Plünderungen durch die Besatzer erleben.

Fassade der Maximilianeischen Residenz an der Residenzstraße. (Foto: Mark Schütze)

Ein eindrucksvolles Mahnmal an die Zeit der schwedischen Besetzung Münchens läßt sich in der Pfarr- und Wallfahrtskirche St. Maria in der Aribonenstraße in Ramersdorf besichtigen. Hier hängt rechts vom Hochaltar die 1632 von den Münchner Schwedengeiseln gelobte Votivtafel, die sie nach ihrer Befreiung in der Wallfahrtskirche anbringen ließen. Das von Matthias Kager geschaffene Gemälde zeigt die Geiseln ohne den geflohenen Martin Valpichler und den lutherisch gewordenen Blasius Rechpacher vor der Stadt München und dem schwedischen Heereslager. Die Geiseln statten der Gottesmutter ihren Dank ab, die im Himmel über ihnen thront.

Das bedeutendste Monument, das noch heute das Schicksal Münchens im Dreißigjährigen Krieg in Erinnerung ruft, ist jedoch zweifellos die Mariensäule auf dem nach ihr benannten Marienplatz. Seit 1638 symbolisiert sie an prominentester Stelle in der Stadt den Dank Kurfürst Maximilians I. und seines Landes für die Verschonung Landshuts und Münchens durch die Schweden und ist zugleich ein unübersehbares Zeichen für den Glauben an den Sieg der katholischen Konfession über alle Schrecken der damaligen Zeit.

Mariensäule auf dem Marienplatz. (Foto: Mark Schütze)

Quellen- und Literaturverzeichnis

Archivalien:

Bayerisches Hauptstaatsarchiv (BayHStA):
- Akten Dreißigjähriger Krieg, Nr. 301, 309, 311, 315
- Kurbayern Hofrat, Nr. 170

Staatsarchiv München (StAM):
- Hofbräuhaus München, Nr. 328

Stadtarchiv München (StadtAM):
- Bauamt-Hochbau, Nr. 51;
- Bürgermeister und Rat (BuR), Nr. 59/1, 60 A 1, 93/37 b, 493/1;
- Gesundheitsamt, Nr. 43, 52, 103, 107, 130;
- Gewerbeamt, Nr. 43;
- Kämmerei, Nr. 1/232, 1/241, 1/242, 1/243, 15;
- Ratssitzungsprotokolle (RP), Nr. 46, 253/2, 263;
- Spitäler und Anstalten, Nr. 24;
- Stadtverteidigung, Nr. 92, 202 a, 247, 249, 251, 266, 268;
- Städtischer Grundbesitz, Nr. 5;
- Steueramt, Nr. 1124;
- Zimelien, Nr. 166, 167

Literaturverzeichnis:

Altmann, Hans Christian, Die Kipper- und Wipperinflation in Bayern (1620-23). Ein Beitrag zur Strukturanalyse des frühabsolutistischen Staates, (Miscellanea Bavarica Monacensia, H. 63), (Neue Schriftenreihe des Stadtarchivs München, Bd. 83), München 1976

Bauer, Wolfgang, Aus dem Diarium gymnasii S. J. Monacensis. Ein Beitrag zur Geschichte des k. Wilhelmsgymnasiums in München, München 1878

Betz, Walther, Die Wallbefestigung von München, (Neue Schriftenreihe des Stadtarchivs München, Bd. 9), München 1960

Brückl, Josef, Das Leprosenhaus auf dem Gasteig in den Kriegsjahren 1632/33, in: Oberbayerisches Archiv 93, 1971, S. 142-144

Destouches, Ernst von, Urkundliche Beiträge zur Geschichte Münchens, Nr. 1: München zur Zeit der schwedischen Invasion im Jahr 1632, in: Oberbayerisches Archiv 31, 1871, S. 39-53

Deutinger, Roman, Schwedische Verwüstungen in Bayern 1646/48. Ein Ansatz zur Neuinterpretation anhand schwedischer Quellen, in: Zeitschrift für bayerische Landesgeschichte 57, 1994, S. 719-733

Die Pest in München im Jahre 1628, in: Das Bayerland 4, 1893, S. 311

Franz, Günther, Der Dreißigjährige Krieg und das deutsche Volk. Untersuchungen zur Bevölkerungs- und Agrargeschichte, (Quellen und Forschungen zur Agrargeschichte, Bd. 7), Stuttgart/New York [4]1979

Friesenegger, Maurus, Tagebuch aus dem 30jährigen Krieg. Nach einer Handschrift im Kloster Andechs, hg.v. Willibald Mathäser, München 1974

Gewiser Bericht und Urkhundt deß entstandnen Ubls und Unruehe in Minchen im Jar 1632, in: Beyträge zur vaterländischen Historie, Geographie, Staatistik, etc., hg.v. Lorenz Westenrieder, Bd. 7, München 1803, S. 307-319

Hefner, Otto Titan von, Original-Bilder aus der Vorzeit Münchens, Nr. 17: Die Schweden in München 1632, in: Oberbayerisches Archiv 13, 1852, S. 83-91

Heydenreuter, Reinhard, Der landesherrliche Hofrat unter Herzog und

Kurfürst Maximilian I. von Bayern (1598-1651), (Schriftenreihe zur bayerischen Landesgeschichte, Bd. 72), München 1981
Heydenreuter, Reinhard, Der Magistrat als Befehlsempfänger. Die Disziplinierung der Stadtobrigkeit 1579 bis 1651, in: Richard Bauer (Hg.), Geschichte der Stadt München, München 1992, S. 189-210
Hörger, Hermann, Die Kriegsjahre 1632 bis 1634 im Tagebuch des P. Maurus Friesenegger, nachmaligen Abtes von Andechs (1640-1655), in: Zeitschrift für bayerische Landesgeschichte 34, 1971, S. 866-876
Hoffmann, Carl A., Landesherrliche Städte und Märkte im 17. und 18. Jahrhundert. Studien zu ihrer ökonomischen, rechtlichen und sozialen Entwicklung in Oberbayern, (Münchener Historische Studien. Abteilung Bayerische Geschichte, Bd. 16), Kallmünz 1997
Hoffmeister, Alexander von, Das Medizinalwesen im Kurfürstentum Bayern. Wirken und Einfluß der Leib- und Hofärzte auf Gesetzgebung und Organisation, (Neue Münchner Beiträge zur Geschichte der Medizin und Naturwissenschaften: Medizinhistorische Reihe, Bd. 6), München 1975
Holzfurtner, Ludwig, Katastrophe und Neuanfang. Kriegsschäden im Dreißigjährigen Krieg im Spiegel der Stiftbücher oberbayerischer Klöster, in: Zeitschrift für bayerische Landesgeschichte 58, 1995, S. 553-576
Hübner, Lorenz, Beschreibung der kurbaierischen Haupt- und Residenzstadt München, und ihrer Umgebungen, verbunden mit ihrer Geschichte, 1. Abt.: Topographie. Nebst dem Grundriße der Stadt, München 1803
Junkelmann, Marcus, Gustav Adolf (1594-1632). Schwedens Aufstieg zur Großmacht, Regensburg 1993
König Gustav Adolph und Friedrich v. d. Pfalz in München i. J. 1632, in: Taschenbuch für die vaterländische Geschichte 42, 1856/1857, S. 69-143
Kraus, Andreas, Maximilian I. Bayerns Großer Kurfürst, Graz/Wien/Köln/Regensburg 1990
Das kurfürstliche München 1620-1800. Zeitgenössische Dokumente und Bilder, hg.v. Georg Jacob Wolf, München 1930
Lang, Karl Heinrich Ritter von, Geschichte der Jesuiten in Baiern, Nürnberg 1819
Leuchtmann, Horst, Zeitgeschichtliche Aufzeichnungen des Bayerischen Hofkapellaltisten Johannes Hellgemayr aus den Jahren 1595-1633. Ein Beitrag zur Münchner Stadt- und Musikgeschichte, in: Oberbayerisches Archiv 100, 1975, S. 142-221
Mayer, Anton, Die Domkirche zu Unser Lieben Frau in München, München 1868
Merian, Matthäus, Topographia Bavariae das ist Beschreib- und Aigentliche Abbildung der vornembsten Stätt und Orth in Ober und Nieder Beyern, Der Obern Pfaltz Und andern zum Hochlöblichen Bayrischen Craiße gehörigen Landschafften, o.O. 1644
Müller, Karl, München als befestigte Stadt. Fortifikatorische Studie, in: Das Bayerland 14, 1903, S. 507-509, 519-521, 531-533, 549-551, 555-557
Pfister, Kurt, Kurfürst Maximilian I. von Bayern, München ^{2}1980
Riezler, Sigmund, Geschichte Baierns, Bd. 6: Von 1508-1651, (Allgemeine Staatengeschichte, 1. Abt.: Geschichte der europäischen Staaten, 20. Werk), Gotha 1903
Rock, Eduard, Münchener Stadtkommandanten während des Dreißigjährigen Krieges 1618-1648, in: Altbayerische Monatsschrift 15, 1919-1926, Heft 3, S. 16-18
Roeck, Bernd, Bayern und der Dreißigjährige Krieg. Demographische, wirtschaftliche und soziale Auswirkungen am Beispiel Münchens, in: Geschichte und Gesellschaft 17, 1991, S. 434-458
Rost, Hans, Bevölkerungs- und Gewerbestatistik Münchens im 17. Jahrhun-

dert, Wörishofen 1902 (Diss. rer. oec. München)
Rystad, Göran, Die Schweden in Bayern während des Dreißigjährigen Krieges, in: Um Glauben und Reich. Kurfürst Maximilian I. Beiträge zur Bayerischen Geschichte und Kunst 1573-1657, hg.v. Hubert Glaser, (Wittelsbach und Bayern, Bd. 2,1), S. 424-435
Schaedel, Ludwig, Gustav Adolf von Schweden in München, in: Forschungen zur Geschichte Bayerns 16, 1908, S. 121-126
Schattenhofer, Michael, Die Mariensäule in München, (Große Kunstführer, Bd. 61), München/Zürich 1970
Schlögl, Rudolf, Bauern, Krieg und Staat. Oberbayerische Bauernwirtschaft und frühmoderner Staat im 17. Jahrhundert, (Veröffentlichungen des Max-Planck-Instituts für Geschichte, Bd. 89), Göttingen 1988 (Diss. phil. Erlangen-Nürnberg 1986)
Sigl, Franz, Geschichte der Münchner Geißeln in schwedischer Gefangenschaft vom 7. Juni 1632 bis 3. April 1635, hg.v. Maximilian Joseph Stöger, München 1836
Sutner, Georg von, München während des dreyßigjährigen Krieges. Eine Rede an dem höchsterfreulichen Geburtsfeste Sr. Churfürstl. Durchlaucht u.u. Carl Theodor in einer öffentlichen akademischen Versammlung auf dem Churfl. Bibliotheksaale abgelesen, München 1796
Theatrum Europaeum, oder ausführliche und wahrhaftige Beschreibung aller und jeder denkwürdiger Geschichten, Bd. 6, Frankfurt am Main 1663
Trautmann, Karl, Zwei unbekannte Beschreibungen Münchens aus dem siebenzehnten Jahrhundert, in: Jahrbuch für Münchener Geschichte 1, 1887, S. 506-510
Um Glauben und Reich. Kurfürst Maximilian I. Katalog der Ausstellung in der Residenz in München 12. Juni - 5. Oktober 1980, hg.v. Hubert Glaser, (Wittelsbach und Bayern, Bd. 2,2), München/Zürich 1980
Westenrieder, Lorenz, Geschichte des dreyßigjährigen Kriegs, Bd. 2, in: Historischer Kalender 15, 1805, pass.
Wolf, Joseph Heinrich, Urkundliche Chronik von München und aller umliegenden Orte. Von der ältesten bis zur neuesten Zeit, Bd. 2, München 1854